L'Italia nel disordine mediterraneo

Il momento giusto per tornare nella storia è anche l'ultima chiamata

Il Mediterraneo nonostante sia "disordine" è anzitutto sinonimo di vita, pur con tutte le sue crepe, profonde e visibili, gli enigmi, le lacerazioni e gli entusiasmi. Il Mediterraneo diverso e multiplo, contraddittorio, eppure simile a se stesso, ricco e povero, violento e placido, crudele e magnifico, necessario e brutale.

Tahar Ben Jelloun,
Tratto da *Due sponde, una sola civiltà*

Indice

La lezione di Sirte, o dell'im-percezione geopolitica

L'abbraccio del mito nasconde i pericoli del mondo. Per non scomparire nel Mediterraneo, la Penisola deve partire dai fondamentali.

Francesco Dalmazio Casini

Il passaggio dall'età del mito a quella della storia è inevitabilmente segnato dal disincanto, insorgere di una percezione nuova del reale, inequivocabilmente meno benigna. «Entrambi s'accorsero che erano nudi; unirono delle foglie di fico e ne fecero delle cinture». Così recita il terzo capitolo della Genesi, che inaugura l'inizio del tempo storico proprio a partire dall'intuizione del pericolo – assente nell'età mitica simboleggiata dal giardino dell'Eden. Da questo momento fatale comincia la vicenda umana propriamente detta. Il vivere si rende necessariamente organizzato, pervenendo in breve alla genesi dello Stato-Leviatano. Tale mostro collettivo si rende necessario per difendersi dai pericoli del mondo, non appena l'uomo ne intende la portata. Se è la percezione di minaccia a innescare il tempo storico, il processo vale anche cambiato di segno. L'im-percezione innesca il ritorno del mito. Reame onirico che la Penisola, insieme a pochi altri nel mondo, è tornata ad abitare.

Cogliamo il paradosso geopolitico dell'im-percezione nella vicenda di Sirte, cittadina della Libia che diede i natali a Muammar Gheddafi. La storia contemporanea di Sirte – e dei suoi dintorni – illumina sulla peculiare maniera italiana di intendere il mondo, da cui gemma l'attuale disorientamento della Penisola. Circa 100mila abitanti, oggi la città rientra in quella porzione di Libia controllata dalle forze che rispondono al governo di Tobruk e del generale Khalifa Haftar. Si tratta di un luogo paradigmatico per comprendere la disposizione italiana nei confronti dei pericoli del proprio estero vicino. Nell'ultimo decennio a Sirte si intrecciano le storie delle due principali minacce percepite da parte dell'opinione pubblica italiana: lo Stato Islamico e la Federazione Russa. Capaci di monopolizzare la narrazione giornalistica per diversi mesi all'acme della loro fortuna mediatica, questi attori hanno trovato – in diversi momenti del passato recente – in Sirte un bastione. Per quanto la cittadina si trovi ad appena 600 chilometri dal territorio nazionale italiano questa è sempre restata – e così resta tuttora – sconosciuta alla larga maggioranza degli italiani.

Hic sunt leones

Lo Stato islamico di Libia occupò Sirte nel maggio del 2015 in seguito a una dura battaglia con i ribelli che avevano deposto Gheddafi. Per circa un anno la cittadina sarà la capitale dell'Emirato, che all'apice del potere poteva contare su un'estensione territoriale corrispondente a buona parte dell'omonimo Golfo, comprese alcuni insediamenti importanti come Derna e Benghazi. È in questo momento che i guerriglieri di Isis avrebbero pensato di dotarsi persino di forze di marina, in grado di minacciare il traffico attraverso il canale di Sicilia.[1] La presenza del califfato a Sirte giungerà al termine poco più di un anno dopo, in seguito a un intervento congiunto di statunitensi e forze libiche.

Il turno dei russi arriverà nel 2020, nel corso di quell'offensiva della Libia centrale che porterà gli uomini di Haftar sino alle porte di Tripoli. È verso la fine del 2018 che gli allora sconosciuti mercenari del Gruppo Wagner arrivano nel Paese per dare supporto alle forze del generale – con loro una vasta gamma di armi *made in Russia*, tra cui sistemi a medio raggio antiaerei come gli S-300 e i Pantsir. Il cardine della presenza russa in Libia è costituito dalla base aerea di Al Jufrah, dove nel corso della seconda guerra civile libica si avvicendano elicotteri da guerra e aerei da caccia. Dopo aver mancato la presa della capitale per un soffio, i mercenari russi costruiranno un'imponente rete di trincee che si estende proprio

---

[1] B. FARMER; *Isil 'wants its own navy for attacks on cruise ships in the Mediterranean'*; The Telegraph; 28.01.2016.

lungo l'asse Sirte-Al Jufrah, tutt'oggi operativa e presidiata dagli uomini di Haftar e probabilmente dagli stessi *contractors* – al netto delle alterne fortune della Compagnia dopo l'ammutinamento del 25 giugno. Il nome di Sirte è tornato agli onori della cronaca (non italiana, si intende) nel settembre del 2023, nel corso della visita del generale libico a Mosca. Secondo indiscrezioni riportate dal Wall Street Journal proprio la cittadina potrebbe essere uno dei luoghi papabili per l'apertura di una vera e propria base navale della Federazione Russa.[2] Le soffiate dell'intelligence non fanno una prova, ma resta significativo l'assoluto disinteresse nei confronti di quella che si candida ad essere punta della penetrazione russa in Libia. Ben più vicina – dunque pericolosa – agli interessi nazionali italiani rispetto alle pianure dell'Ucraina orientale.

A coronare la vicenda libica, l'abbattimento di due droni da guerra – uno americano e uno italiano – avvenuto nella regione di Tripoli sul finire del 2019, a meno di 24 ore l'uno dall'altro. Poche settimane dopo vi si aggiungeva anche un velivolo tuco. Roma non ha mai fornito una versione dei fatti particolarmente esaustiva, ma alcune dichiarazioni rese a Reuters da anonimi funzionari del governo libico e delle forze statunitensi lasciavano intendere che almeno nel caso americano la mano fosse quella dei mercenari russi – o, in caso contrario, degli uomini di Haftar grazie all'uso di un sistema antiaereo Pantsir.[3] Siamo lontani da Sirte, ma l'episodio è paradigmatico. Si tratterebbe infatti dell'unica azione direttamente ostile compiuta dalla Federazione Russa, cui i mercenari di Wagner sono – *erano* – organici, contro un assetto militare italiano. In Libia, non in Ucraina.

Nell'intricata questione libica avvertiamo la portata della nostra im-percezione. L'Isis e la Russia sono assurti al ruolo nemico per

---

2 B. FAUCON; *Russia Seeks to Expand Naval Presence in the Mediterranean*; Wall Street Journal; 15.09.2023.

3 P. STEWART, A. LEWIS; *Exclusive: U.S. says drone shot down by Russian air defenses near Libyan capital*; Reuters; 07.12.2019.

eccellenza, in momenti diversi dell'ultimo decennio, anche agli occhi dell'opinione pubblica italiana. A testimoniarlo centinaia di titoli di giornale e servizi televisivi, non sempre circostanziati. Si inserisce ora un problema geografico. Incapaci di concepire l'esistenza di un pericolo diretto, che ne turberebbe il sonno post-storico, gli italiani collocano il "malvagio" quanto più lontano gli sia possibile.

E così ci immaginiamo il terrore dello Stato islamico confinato al deserto della *Badia* siriana, con occasionale *spillover* nel corso degli attentati sul suolo europeo (ma, per fortuna, mai italiano). La stessa cosa vale per le forze armate russe, confinate al di là del Dnipro. Il nemico esiste dove nella mappa figura *hic sunt leones*. Guai a pensarlo alle porte di casa, anche quando ci ha messo le tende. Allontanare il pericolo con la mente è operazione di salvaguardia di quello spazio mitico, felice, in cui esistiamo. L'influenza sul piano del reale, come si può facilmente immaginare, resta pari a zero: la pericolosità di un fattore è infatti inversamente proporzionale alla distanza che intercorre con il territorio nazionale. Legge fondamentale che nessuna revisione psicologica è in diritto di alterare.

La difficoltà di intendere la categoria del pericolo è maggiore data la natura del diaframma che separa l'Italia dalle sue minacce principali. I flutti del mare sono elemento ben più difficile da interiorizzare rispetto alla frontiera terragna. Sulla terra i segni dell'insediamento umano sono immediatamente tangibili e aiutano nella definizione del rischio perché si rendono visibili all'occhio. Tra le onde, al contrario, l'elemento antropico è destinato a restare di passaggio.

Dal mare gemmano le prime paure dell'uomo occidentale, tanto evidenti nei travagliati *nostoi* – ritorni – degli eroi omerici vincitori dei troiani. Per lo stesso motivo, nell'Apocalisse è scritto che dopo la venuta della Nuova Gerusalemme «il mare non ci sarà più». Un terrore sacro, che tuttavia fornisce a quanti siano in grado di operare una "rivoluzione elementare" e donarsi a questo elemento le chiavi del futuro. Così fu da Atene in poi, senza eccezioni.

Ne consegue che chi non riconosce il pericolo non può che considerare il mare come "non-spazio". Vissuto al massimo sulla battigia, da bagnanti, privi degli strumenti per immaginare cosa si trova si trova al di là della distesa d'acqua. Per questo, nonostante gli 8mila chilometri di coste, l'Italia confina la sua tradizione marinara a fatto regionale e tale elemento – al di fuori dell'afflato turistico – non ha mordente nella definizione della sua identità nazionale.

La storia della capitale italiana è paradigmatica. Un tempo cuore pulsante di una talassocrazia, oggi si considera città di terra. La sua propaggine marittima, Ostia, è sprovvista di un porto commerciale. Qui è da ricercare il motivo per cui la Penisola è sostanzialmente cieca al disastro che dal 2011 prende forma sulla costa meridionale del Mediterraneo. E se l'attivismo di alcuni decisori non può che essere salutato positivamente, resta difficile immaginare che tali preoccupazioni possano penetrare a fondo nella visione del mondo dell'italiano. Convincere insomma i 60 milioni di cittadini che quanto accade tra Tripoli e Tunisi supera in importanza ciò che succede a Kiev, Washington o Bruxelles.

La lezione di Roma

La storia geopolitica di Roma antica illustra la relazione che intercorre tra il concetto di sicurezza e l'approccio all'elemento marino. Tale vicenda resta di stretta attualità: al netto del difficile rapporto con il passato romano, lo Stato italiano è l'unico attore unitario ad aver abitato la totalità della Penisola dopo l'impero dell'Urbe. La geografia è costante, non variabile. Ne consegue che in larga parte la direttrice geopolitica romana è sovrapponibile a quella della Repubblica Italiana.

La rivoluzione spaziale che segna il passaggio di Roma dalla terra al mare si consuma interamente nel terzo secolo avanti Cristo.

Lo stesso che sancisce il predominio romano sull'intero mediterraneo occidentale dopo la vittoria su Cartagine. All'alba di questo secolo Roma, ormai potenza egemone dell'Italia centrale, conta su un dominio che arriva a lambire la Calabria. Un'estensione territoriale che proietta l'Urbe tra i "grandi" del Mediterraneo e coincide con il primo grande pericolo per la città venuto dall'oltremare: l'invasione di Pirro. È un trauma che arriva da oltre l'orizzonte, dove non si può guardare. Si tratta di un *vulnus* che nonostante la vittoria romana si sedimenterà nelle menti dei quiriti – quasi un secolo dopo l'ambasciatore Marco Aurelio invita il Senato alla guerra contro i greci proprio per evitare un'azione «simile a quella intrapresa da Pirro» (Liv. XXXI 4,6).

Non passa nemmeno un ventennio prima che l'Urbe sia in guerra con Cartagine. Regina incontrastata dei flutti del Mediterraneo occidentale, la città tunisina si proiettava su un triangolo strategico imperniato su Sardegna e Sicilia, con il terzo lato costituito la costa tirrenica. È in questo momento che Roma si accorge di essere *troppo grande* per evitare lo scontro con la *polis* fenicia. Nonostante i tentativi di demarcare rispettive sfere di influenza – un trattato del 279/280 bandisce probabilmente i romani dalla Sicilia e i punici dalla Penisola – l'estensione del dominio romano implica una vulnerabilità strategica intollerabile. All'alba della prima guerra punica (264-241) Cartagine conta sul dominio delle isole, che ne schermano il corpo continentale da potenziali minacce. Lo Stato romano, al contrario, si trova esposto ai flutti lungo tutto il versante tirrenico, lo stesso su cui si affaccia la capitale. Una debolezza che sarà dimostrata dai raid cartaginesi durante il conflitto, che interessano buona parte della costa occidentale dello Stivale. È in questo momento che il passaggio dalla terra al mare si impone come necessità inderogabile. L'Urbe si trova costretta per la prima volta a ragionare da Penisola, lingua di terra distesa tra due mari, allo stesso modo pieni di pericoli.

Due sono gli sviluppi principali. Il primo è costituito dall'occupazione, nel ventennio seguente, dell'intera collana insulare del

Mediterraneo occidentale: Corsica, Sardegna, Sicilia – con l'ultima che diventa bastione della presenza romana nel Mediterraneo e assicurazione a difesa del Tirreno, spazio di profondità strategica a schermare il territorio nazionale. Il secondo è lo sviluppo di un potere navale inedito, capace di vincere i cartaginesi a Capo Ecnomo (256) e alle Egadi (241), decretando la fine della prima guerra punica.

Si tratta di una rivoluzione elementare rapidissima, traumatica, che sancisce l'ascesa di Roma a potenza navale del Mediterraneo. Cambierà, insieme all'elemento di pertinenza, la concezione dello spazio e la sua amministrazione in chiave imperiale. La nuova esistenza marittima collega Roma al mondo e la costringe a interessarsi della sicurezza dell'altra sponda peninsulare, quella adriatica, minacciata dai pirati illiri. Con Cartagine "interrata", le capacità navali dell'Urbe, tuttavia, ormai sono ago della bilancia della contesa.

Le grandi vittorie romane del cinquantennio successivo – sugli illiri, Annibale e sui greci – sono frutto di operazioni militari che oggi definiremmo *expeditionary*. Capacità sovrapponibili a quelle che fino ad oggi sono state nelle disponibilità dei grandi gruppi d'attacco della *Us Navy*, perno dell'egemonia statunitense postbellica.

Sicilia, isola senza mare

La lezione di Roma antica è che la sicurezza di qualsiasi comunità esista sulla Penisola italiana passa per il controllo – quantomeno la presenza – sulle onde dei tre mari che la bagnano. Nell'attuale congiuntura geopolitica, la Sicilia dovrebbe rappresentare la chiave di volta dell'intero concetto securitario italiano. Questa non solo permette di regolare l'accesso al bacino tirrenico, ma anche di esercitare influenza sulle rotte che attraversano l'omonimo Stretto e fare da ponte verso la massa africana.

In questo senso, il fatto che la Trinacria sia tanto trascurata dal punto di vista infrastrutturale e militare fornisce un ulteriore riprova dell'im-percezione geopolitica italiana. Se è vero che uno dei tre arsenali di Marina – Augusta – si trova nella regione, questa accoglie ad esempio solo un comando di brigata (Aosta).

Spicca l'assenza di un collegamento terrestre – il famigerato ponte sullo Stretto – che possa assicurare la continuità territoriale tra il corpo della Penisola e la Sicilia. In caso di necessità, sarebbe estremamente complicato far affluire in Sicilia uomini e assetti necessari a qualsiasi tipo di operazione (tolto l'ovvio impatto in termini di sviluppo umano e economico). Non è un caso che altre Nazioni che si trovano ad abbracciare simili crocevia strategici, li mettano al centro delle proprie strategie di sviluppo umano e militare. Lo sa bene Mosca, che dall'occupazione della Crimea nel 2014 ne ha fatto il bastione della presenza nel Mar Nero. Passo obbligato fu la costruzione del Ponte di Kerch per collegarlo direttamente al resto della Federazione (per ovvie ragioni bersaglio degli ucraini), insieme a un flusso costante di sussidi e aiuti allo sviluppo.[4]

Un altro esempio interessante è costituito dal complesso rapporto che lega l'Iran allo Stretto di Hormuz, arteria cruciale del commercio di idrocarburi. Questo braccio di mare, su cui si affacciano anche Qatar, Arabia Saudita, Emirati e Oman è cruciale nella definizione della direttrice geopolitica di Teheran. Per l'Iran la difesa delle coste affacciate sullo Stretto è una questione esistenziale – per il solo porto di Bandar Abbas passa il 55% delle importazioni – ma allo stesso tempo la dottrina ne prescrive il blocco completo in caso di attacco contro il territorio nazionale. Le capacità marittime iraniane, apparentemente scarse rispetto a quelle degli avversari, sono espressamente modellate sullo scopo: mine marine, droni marittimi, barchini e sommergibili leggeri, sotto l'ombrello dei sistemi missilistici basati a terra.

È evidente che le acque dello Stretto di Sicilia sono meno agitate sia di quelle del Mar Nero che dello Stretto di Hormuz, sebbene

---

[4] B. BALLARD; *Crimea doesn't pay: assessing the economic impact of Russia's annexation*; World Finance; consultato il 02.11.2023.

l'attivismo turco-russo in Libia e il crescendo della crisi migratoria tunisina non siano fattori trascurabili. Eppure, gli assetti mutano nel tempo e gli sconvolgimenti sono sempre possibili. Proprio perché la geografia non è variabile, ma costante, gli Stati devono agire in ottica di riduzione del rischio nonostante l'assenza di esplicite minacce nel presente. Gli esempi dell'Iran e della Russia sono calzanti, perché la Sicilia presenta per Roma caratteristiche analoghe: esiste sulla soglia della più importante arteria commerciale e da questa dipende la sicurezza del territorio continentale. L'assenza di continuità territoriale e di specifici approcci militari orientati alla difesa/interdizione dello Stretto sono riprova della condizione mitica in cui esiste l'Italia.

Ci siamo concentrati sulla rilevanza securitaria della Trinacria proprio perché rappresenta l'aspetto più alieno alla percezione degli italiani. È scontato che fare della Sicilia il baricentro della strategia italiana significhi non solo potenziare l'intera infrastruttura militare o *dual use*, ma anche innescare lo sviluppo umano ed economico capace di sostenerla. Fare dell'Isola un vero e proprio ponte verso la sponda meridionale del Mediterraneo, da cui dipende il futuro del Paese.

Per farlo si rendono necessari due passaggi. Il primo, costruire un ecosistema favorevole perché i grandi *player* economici, a partire da quelli dialoganti con i Paesi nordafricani, si stabiliscano *in loco* e valorizzino da qui i legami con l'oltremare. Il secondo, eradicare l'influenza degli attori non statuali, a partire dalla criminalità organizzata, e privarli di quell'attrattiva culturale che ancora vantano sulla popolazione locale. Da sostituirsi, tramite opera pedagogica, con la valorizzazione identitaria del ruolo cruciale della regione. Una "cultura della frontiera" all'italiana, i cui elementi costitutivi sono tanto evidenti nella storia, della Sicilia e della nazione tutta. Se per uscire dal mito – prima che il trauma ci obblighi – l'Italia deve imparare a guardare oltre il mare, l'osservatorio privilegiato non può che essere la Trinacria.

Cosa sbagliamo sul vincolo esterno

Per tracciare le coordinate geopolitiche della Penisola occorre fare riferimento ai suoi vincoli esterni e alla peculiare visione della classe dirigente italiana di tali influenze straniere. Tirando le somme, sono due i fattori che storicamente vantano la capacità di influenzare direttamente l'azione dell'Italia. Il primo – e di gran lunga più importante – è costituito dagli Stati Uniti d'America e si sostanzia nella sfera militare e politica tout court. Il secondo è invece da ricercarsi tra Bruxelles e Berlino (con occasionali puntate verso Parigi) e riguarda essenzialmente la sfera economica, formalizzato nelle famigerate regole europee sul debito.

Sulle capacità del primo di orientare la politica, interna ed estera italiana, non dovrebbero esserci dubbi. Quando il vettore dell'egemone entra in contrasto con quello del vincolato, non può esistere mediazione. La tragedia libica del 2011 è esempio plastico delle capacità statunitensi di spingere le collettività che esistono nella propria sfera di influenza ad agire in una determinata maniera, se necessario anche contro i propri interessi vitali. Un discorso particolarmente evidente in Italia, dove i contropoteri interni allo Stato costituiscono un vero e proprio arcipelago di centri di potere, ma valido in maniera simile anche nella più centralista Francia. Occasionali scappatelle vengono senza eccezione stroncate. Senza scomodare complotti, la consequenzialità tra i fatti di Sigonella e il crollo di Craxi a seguito dell'inchiesta "Mani Pulite",[5] apre quantomeno a una suggestione interessante. L'altro lato della medaglia è costituito ovviamente dall'assicurazione sulla vita costituita dall'essere indispensabile all'egemone – la stessa che ha concesso all'Italia di non preoccuparsi della propria Difesa a partire dal 1945.

---

[5] Si vedano ad esempio le dichiarazioni dell'ex ambasciatore americano in Italia Reginald Bartholomew rese in un'intervista rilasciata a La Stampa, citate in O. SACCHELLI; *Ci fu una regia occulta degli Usa dietro Mani Pulite? Le rivelazioni dell'ex ambasciatore americano*; Il Giornale; 29.08.2012.

Una valutazione dell'attuale congiuntura geopolitica passa dunque dallo stato di salute dei vincoli esterni. Tralasciando giudizi di valore, una fotografia dell'assetto odierno presenta nuovi margini di manovra, accompagnati da altrettanti rischi. Gli Stati Uniti si avvicinano infatti alla condizione di "*ovestretch* imperiale" profetizzata dallo storico britannico Paul Kennedy. Il *gap* di potenza tra Washington e la somma dei suoi avversari non è mai stato così sottile come oggi (pur continuando a permanere). Nonostante questo, gli Stati Uniti sono coinvolti, loro mal grado, in una quantità di teatri ben più ampia rispetto al momento di picco della loro egemonia. La sovraestensione globale li costringe a deviare risorse anche in quei settori che vorrebbero con ogni evidenza abbandonare o delegare a satelliti locali. La crisi che ha scosso la Terra Santa a partire dal 7 ottobre 2023 ha costretto Washington a tornare in forze in Medio Oriente. Il conflitto in Ucraina, dove gli obiettivi strategici statunitensi sono stati già conseguiti nei primi mesi del 2022, continua a drenare risorse preziose. Sullo sfondo si profila il confronto con Pechino nell'Indo Pacifico, teatro dell'unica contesa rilevante.

Ne consegue che i fronti secondari vedranno il progressivo ripiego, quantomeno momentaneo, della superpotenza. Evenienza dolceamara, perché tali fronti sono per altri ben più che secondari. Il Continente africano è in questo senso il vero paradigma. Per l'Africa Washington non intende fare nulla in più rispetto ad assicurarsi il minimo sindacale di presenza militare. Da qui vengono tanto l'apparente impassibilità di fronte alla penetrazione di russi e cinesi quanto l'inedito pragmatismo nel trattare con alcuni partner locali. Su tutto, l'accordo concluso con la giunta golpista del Niger che aveva appena messo alla porta i francesi per continuare a operare dalle due basi dell'*Air Force* presenti nel Paese.

Postura analoga, quella assunta dagli americani in Africa settentrionale, a metà tra disinteresse e tutela dell'indispensabile. Ciò non toglie che all'influenza di Mosca e di Pechino sul continente, gli Usa preferirebbero quella ben più mite dei satelliti europei. Purchè non costi tempo e denaro, si intende – lo sanno bene i francesi, costretti al ritiro dal Sahel senza che Washington battesse ciglio. I rischi sono immensi, le opportunità consistenti. La lezione è che oggi la questione africana può essere sostanzialmente appaltata agli europei. A loro non farne un disastro, di cui pagherebbero per primi le conseguenze. Oggi Roma giura di voler tornare in Africa, sui passi di Enrico Mattei ed è difficile immaginare che Washington abbia da ridire, alla luce dell'alternativa russo-cinese che si sta profilando al di là del Sahara.

Il vincolo europeo non gode dello stesso potere coercitivo di quello d'oltreoceano. Questo è capace di influire direttamente nei destini italiani solo se si colloca nel solco delle volontà americane – si torna nuovamente al 2011 e alla vicenda libica, strettamente legata al crollo del governo Berlusconi, alla crisi del debito sovrano e al conseguente avvento dell'esecutivo tecnico di Mario Monti.

Nella gran parte dei casi, l'Ue – e con lei gli attori che sapientemente ne sfruttano le istituzioni – esercita pressioni atte a condizionare debito e vita finanziaria, risultando ben più malleabile sulle altre pretese. Si vedano le molteplici concessioni in materia di ambiente e stato di diritto concesse ai Paesi dell'est, Ungheria e Polonia *in primis*. L'affanno dell'asse renano, in questo senso, riduce le frecce nell'arco di Bruxelles. In Germania, dove è definitivamente caduto il tabù della recessione tecnica, il cancellierato Scholz è il meno popolare della storia tedesca. L'Esagono appare invece incapace di estricarsi dalla valanga anticoloniale che in meno di tre anni ha espulso i soldati francesi dal Sahel, un tempo perno della *Françafrique*. "Africa francese" di cui lo stesso presidente francese è stato costretto a constatare l'avvenuto decesso[6].

Occorre una precisazione: le difficoltà franco-tedesche aprono spazio, ma difficilmente amplieranno i margini di cooperazione tra Parigi, Roma e Berlino. Esecutivi deboli e legittimità traballante si traducono in genere a violenti attacchi retorici verso i vicini tesi a raccogliere consenso presso la propria opinione pubblica. Difficile

---

[6] S. Le Belzic; «*Il n'y a plus de* Françafrique», *Emmanuel Macron tourne la page de la présence militaire française au Niger*; Europe1; 25.09.2023.

che un attore in difficoltà si sobbarchi i costi della mutualizzazione di una qualsiasi crisi. Allo stesso tempo, le dichiarazioni accese tradiscono spesso la condizione di affanno geopolitico. Sanno di orgoglio ferito le frecciatine che l'esecutivo francese ha indirizzato a Meloni sin dal giorno dell'insediamento, a partire dal «vigileremo sul rispetto dei diritti umani in Italia»[7] con cui la premier Elisabeth Borne aveva salutato i risultati elettorali del 25 settembre.

Resta da precisare un punto: la debolezza dei grandi d'Europa, in maniera analoga alla distrazione americana, determina un diaframma di possibilità più ampio, ma con queste vengono i rischi. Impossibile immaginare che oggi Parigi e Berlino (e con loro, tutti i 26) tendano la mano a Roma per sgravarla del fardello dell'immigrazione. Più facile che la lascino libera di gestire da sé la questione, modulando in sostanziale autonomia le relazioni con i partner africani.

Doccia fredda ampiamente lamentata dall'attuale esecutivo, che illumina su una visione tutta italiana del vincolo esterno – quell'accezione pessimistica ma di necessaria accettazione alla base dell'espressione coniata dall'economista Guido Carli. Nello Stivale il vincolo esterno è ideologia, fede persino. Si fonda sulla convinzione che una mano responsabile sia necessaria per scongiurare spiacevoli deragliamenti. Fine scontato qualora gli «istinti animali della società italiana»[8] siano lasciati fare. Non si può certo negare che tale fiducia nel *deus ex machina* straniero sia stata a lungo coronata da successo: quella seconda metà di secolo breve contraddistinta da crescita economica ed esplosione del benessere, al riparo dalle responsabilità insite nella sovranità. Oggi però ne paghiamo dazio. Distratti da ben più pressanti questioni domestiche, i vincolatori appaiono incapaci di fungere come in passato da membrana tra la Penisola e le durezze della storia. Riassume in poche righe

---

[7] S. MONTEFIORI; *La Francia sarà «attenta» al «rispetto» dei diritti umani e dell'aborto in Italia. FdI: «Parole ininfluenti*; Corriere della Sera; 26.09.2022.
[8] G. CARLI; *Cinquant'anni di vita italiana*; Laterza; 1993; citato in P. BRICCO; *Il filo rosso che lega Carli, Krugman e Draghi*; Il Sole 24 Ore; 25.05.2023.

Lucio Caracciolo: «Oggi sia il protettore di ultima istanza (America) sia i soci del sistema europeo – allestimento da bel tempo che si sfarina quando comincia a piovere forte – hanno priorità diverse dall'Italia. […] Ognuno protegge sé stesso, usa per quanto può risorse altrui a fini propri. Non per ostile disposizione d'animo. Pura necessità».[9] Torniamo in apertura. All'epifania sull'esistenza dei pericoli del mondo va aggiunta una postilla: nel mondo in guerra, chi si salva si salva da solo.

Dallo spazio all'abisso

L'armamentario con cui l'Italia affronta il collasso dell'ordine internazionale scaturito dalla fine della Guerra Fredda non è dei migliori. Criticità economiche, demografiche e strumenti spuntati sia in termini *hard* che di *soft power* riducono necessariamente le capacità di azione esterna. Spicca in particolar modo il nodo delle nascite, che promette di ridurre la popolazione italiana di un quarto nel prossimo mezzo secolo.[10]

I numeri della crisi demografica sono tra i pochi indicatori prettamente interni a ripercuotersi drasticamente sulla direttrice geopolitica. Le fosche previsioni di Istat lasciano intendere il possibile collasso del sistema pensionistico e l'aumento dell'indebitamento per mantenere una parvenza di *welfare*, ma non solo. Al diminuire del peso demografico – e conseguente innalzamento dell'età mediana – si riducono le capacità di un attore di influire sugli altri. Dunque, di assicurarsi condizioni di esistenza più sicure. Per mancanza di manodopera, ma anche di quella volontà che solo popolazioni giovani, affamate di affermazione e di sviluppo, possono vantare.

---

[9] L. CARACCIOLO; *Le eurocrazie che ora temono la nuova Italia*; La Stampa; 28.09.2022.
[10] *Previsioni della popolazione residente e delle famiglie – base 01.01.2022*; Istat; rilasciato il 28.09.2023.

È compito improbo riassumere i problemi di un Paese come l'Italia in poche righe. Più facile individuare la radice da cui gemmano. L'im-percezione è un fatto verticale: orienta l'azione del politico, ma pervade anche la vita del privato. Demografia e torpore geopolitico rispondono in qualche modo alla stessa origine.

Il tempo del mito è un eterno presente e chi lo abita è incapace di proiettarsi nel futuro. Mancando la percezione di necessità di agire volgendo il proprio sguardo all'avvenire, risulta impossibile intraprendere quelle azioni che non hanno significato al di fuori dell'immediato. In questo senso, l'azione degli esecutivi italiani che si sono susseguiti nel dopoguerra è emblematica. Questa ci appare caratterizzata dalla ricerca dell'estemporaneo, della soluzione di breve respiro che permette di distogliere lo sguardo dal problema – appaltandolo al massimo a chi verrà dopo: è l'assenza di una cinghia di trasmissione tra i tre tempi dell'indicativo – passato, presente e futuro – a pesare sull'avvenire dell'Italia, ben più delle sue reali capacità.

Fiumi di parole potrebbero spendersi nella critica degli strumenti a disposizione del Paese. Dalla scarsa efficienza delle forze armate alle miopi politiche industriali, passando per l'immagine picaresca con cui l'Italia ha scelto di vendersi al mondo, la lista è lunga. Resterebbero speculazioni, se non si comprenderà che lo strumento dipende dalla percezione profonda di èlite e cittadini. Abbacinati in un sistema internazionale che ha ripreso a parlare il linguaggio violento della storia dopo un trentennio di stasi, gli italiani stentano a capirne le regole di massima. Tali leggi, tuttavia, non ammettono ignoranza. Come ha scritto Peter Gourevitch: «La guerra è come il mercato: punisce alcune forme di organizzazione e ne premia altre».[11] Scopo dei decisori deve essere oggi quello di riportare al centro i fondamentali e traghettare la Penisola al di fuori dell'abbraccio confortevole del mito, costringerla allo studio delle categorie cardine, storia e geografia su tutte. Riprendere in

---

[11] P. GOUREVITCH; *The second image reversed: the international sources of domestic politics*; International Organization; Vol. 32, No. 4 (Autumn, 1978); p. 881.

mano Hobbes e riscoprire il senso della genesi dello Stato, riduttore di rischi e assicurazione sulla sopravvivenza ancora prima che esattore delle imposte. Dirigere lo sguardo di una delle collettività più sviluppate del pianeta verso l'estero vicino, dove si trovano minacce e opportunità mischiate insieme e indicare la strada per raggiungerlo.

L'alternativa non promette nulla di buono. Come segnala la vicenda di Roma antica, un'entità politica che occupi l'intera Penisola italiana, è *troppo grande* per tenersi al di fuori dal disordine Mediterraneo e guardare altrove non altera l'assunto. A noi la scelta, se costringerci a una sveglia faticosa o attendere il trauma che dalle onde, come sempre è stato, verrà a trascinarci nel mondo. A quel punto, non è detto che lo spazio aperto dal ripiegamento dei vincolatori non si faccia abisso in cui scomparire.

SEZIONE I

L'Italia e il disordine del mondo

Tra Stati Uniti, Russia e Cina: l'Italia vaso di coccio tra vasi di ferro

I margini della Penisola nella sfera di influenza americana si vanno assottigliando. Roma tra geografia mediterranea e vincoli atlantici.

Federico Olmo Sangalli

Alla fine del 1945 il giornalista britannico Eric Blair, meglio noto con il suo pseudonimo di George Orwell, diede alle stampe un saggio intitolato «*You and the Atomic Bomb*»[1]. Nonostante il titolo, il principale argomento non era la rivoluzione degli affari internazionali che lo scrittore vedeva già in atto. Ispirato dalle teorie di James Burnham, l'autore immaginava che il mondo si sarebbe presto diviso in tre blocchi o "super-Stati", controllati da una ristretta élite di funzionari e manager, immersi in una competizione tanto feroce quanto congelata dal rischio di un'ecatombe atomica. Uno stato di conflitto paradossale che egli definì profeticamente (erano passati meno di due mesi dalla conclusione della Seconda guerra mondiale) «Guerra fredda».

I tre Paesi individuati dalla lucida mente di Orwell erano gli Stati Uniti, potenza oceanica per eccellenza, usciti indenni dalla Seconda guerra mondiale e pronti a prendere il posto dell'Impero Britannico sul palcoscenico globale; la Russia, la cui vittoria sulla Germania rappresentava la possibilità di estendere il suo dominio sull'Eurasia; e la Cina che, con una grande intuizione nei confronti di un Paese allora distrutto da decenni di guerra, lacerato da lotte intestino e da tempo frammentato, avrebbe presto rimpiazzato Londra come "Terzo Grande".

Il ragionamento di Orwell – che in seguitò usò come base per il suo più celebre romanzo "1984" – in effetti andò oltre lo stesso Burnham: mentre lo studioso americano immaginò i blocchi in perenne competizione, il collega britannico prefigurava un futuro in cui queste superpotenze si sarebbero trovate in una inedita condizione di equilibrio, alleandosi di volta in volta in tandem contro quella

---

[1] E. BLAIR; *You and the Atomic Bomb*; Tribune; 19.10.1945.

delle tre che fosse sul punto di sopravanzare le altre due. Tre decenni più tardi Henry Kissinger avrebbe riproposto questo schema definendolo "Diplomazia triangolare", la necessità cioè di impostare la diplomazia mondiale sulla base dei rapporti tra le grandi potenze russa, americana e cinese. Sotto Kissinger gli Stati Uniti attuarono così una svolta diplomatica che portò Washington e Pechino ad allinearsi per contenere l'Unione Sovietica, percepita come la minaccia comune più immediata, un gioco di sponda in cui riecheggiava l'intuizione di Orwell sul comportamento delle superpotenze. Dopo la caduta del Patto di Varsavia, la potenza di Mosca subì un brusco ridimensionamento, ritrovandosi presto a lottare per conservare le proprie posizioni nell'Estero Vicino post-sovietico.

All'opposto, gli Stati Uniti proclamarono l'inizio di un'era unipolare, in cui la fine della Guerra fredda doveva coincidere con l'affermazione dell'egemonia americana nel mondo. Pretesa da impero globale che tuttavia indispose la Cina, ormai in ascesa e desiderosa di rendere la regione euroasiatica impermeabile all'influenza statunitense. Un atteggiamento che irrigidì Pechino, spingendola col tempo a cercare un riavvicinamento con la Russia desiderosa di trovare un partner con cui rialzarsi dalla discarica della storia in cui Washington pretendeva di aver consegnato le sue aspirazioni imperiali.

L'Italia, satellite in orbita attorno alle stelle (e strisce)

A fianco delle tre maggiori potenze, esistono tuttavia numerosi altri attori, alcuni dei quali a loro volta potenze regionali o parte delle sfere di influenza dei Tre Grandi. L'Italia appartiene a quest'ultima categoria, in quanto membra della Nato, l'alleanza militare che costituisce l'elemento più evidente del blocco occidentale. L'appartenenza alla sfera di pertinenza americana ha sempre esercitato una

fondamentale influenza sul posizionamento italiano – condizione che viene comunemente definita come "vincolo esterno".
Tale vincolo si compone primariamente di tre elementi: militare, economico e politico. Sul piano militare l'Italia ospita non meno di nove basi militari statunitensi, alcune delle quali ospitanti armi nucleari. Il vincolo militare non si limita però a questo, bensì si estende all'intera filiera logistica: le forze armate italiane sono profondamente integrate nel circuito industriale atlantico, dalla componentistica agli standard delle munizioni, e in questo senso avrebbe notevoli difficoltà a operare in assenza del sostegno occidentale. A livello economico-commerciale invece l'economia italiana dipende dai rapporti con i Paesi occidentali, in particolare dai forti legami con gli Stati dell'Unione Europea.

Otto dei primi dieci destinatari delle esportazioni italiane e sette dei primi dieci esportatori nei nostri confronti sono Paesi membri dell'Unione Europea, della Nato o, più spesso, di entrambi. In totale, questi rappresentano nel 2023 circa la metà dell'interscambio commerciale italiano (il 51,4% delle esportazioni e il 45,5% delle importazioni).[2] Sul piano politico, infine, l'Italia fa parte dell'Alleanza atlantica e come tale deve conformarsi alle decisioni prese in ambito Nato. Mentre fino a qualche anno fa i Paesi europei si erano ritagliati un certo margine di manovra, complice la fine della Guerra fredda, oggi le rinnovate tensioni con Russia e Cina rendono poco flessibili le deliberazioni atlantiche. È il caso, per esempio, della soglia del 2% del Pil per la spesa militare: a lungo richiesta dai vertici Nato e altrettanto a lungo rispettata solo a parole, oggi è diventato un obiettivo imprescindibile per qualunque membro dell'alleanza.

Queste condizioni riducono le opzioni per l'Italia. È vero che, anche nel recente passato, ci sono stati Paesi europei capaci di marcare la propria autonomia in ambito atlantico. Basti pensare alla presa di posizione franco-tedesca in occasione della guerra in Iraq o all'attivismo diplomatico francese su vari tavoli. Tuttavia, si tratta di riferimenti di un'altra epoca. Il rientro dell'Europa nella storia

---

[2] Dati dell'osservatorio economico Maeci, riscontrabili sull'apposito sito del ministero degli Affari Esteri e Cooperazione Internazionale.

forzato da Vladimir Putin segna un momento spartiacque per il Vecchio continente, inaugurando una fase di scontro tra grandi potenze in cui lo spazio di manovra concesso agli alleati inevitabilmente si riduce. Il vaso di coccio europeo non ha più – se mai l'ha avuto – il peso per incidere sulla direzione da intraprendere. In questo contesto l'Italia non può prescindere dai suoi legami euro-atlantici, per ragioni strutturali (parti importanti dell'apparato italiano non potrebbero funzionare senza il collegamento con il blocco occidentale) e strategiche (Roma è abbastanza fragile senza aver bisogno di altri nemici). Resta tuttavia da ponderare come far funzionare tali legami nel miglior interesse nazionale italiano.

Per camminare con le proprie gambe, la cartilagine infrastrutturale è fondamentale

Nel 1856 il Congresso degli Stati Uniti d'America raccomandò di investire nella costruzione di una ferrovia intercontinentale redigendo un rapporto che motivava così la costruzione di una tale arteria infrastrutturale, un'impresa affatto modesta per il XIX secolo:

«Per mantenere la nostra attuale posizione nel Pacifico, dobbiamo disporre di mezzi di comunicazione più rapidi e diretti di quelli attualmente offerti dalla rotta attraverso i possedimenti di una potenza straniera».[3]

I deputati americani identificavano chiaramente le ragioni di ogni importante progetto infrastrutturale. *In primis*, il fatto che inevitabilmente le infrastrutture servano un progetto geopolitico, una proiezione della potenza che ne usufruisce. Washington voleva una ferrovia intercontinentale per proiettare la propria influenza sulla costa del Pacifico, regione strategica e ricca di risorse recentemente

---

[3] *Report of the Select Committee on the Pacific Railroad and Telegraph*; U.S. House of Representatives, 34th Congress, 1st Session, No. 358; 16.08.1856.

strappata al Messico ma pericolosamente isolata rispetto al cuore demografico e industriale della giovane nazione americana. Ma in quel «*to maintain our present position on the Pacific*» si nascondeva implicitamente l'intenzione di svilupparla ed espanderla, in un processo che nel giro di meno di mezzo secolo avrebbe portato gli americani sull'altro lato dell'Oceano Pacifico, trasformandoli nella potenza navalista per eccellenza. Un potere marittimo che però non sarebbe stato possibile senza la rete terrestre, primariamente ferroviaria, capaci di trasformare punti di approdo naturali ma umanamente deserti in popolosi porti industriali.

Ma l'esistenza delle infrastrutture è condizione necessaria ma non sufficiente, il possesso nazionale delle stesse è altresì fondamentale. I parlamentari statunitensi esprimono con evidenza tale concetto, quando sottolineano che una ferrovia intercontinentale è necessaria per evitare di dover fare affidamento, per i medesimi servizi, sui mezzi di una «potenza straniera». Non si può essere una grande potenza con le gambe degli altri, insomma.

La riflessione adottata dal Congresso statunitense denota il carattere strategico delle infrastrutture e il loro ruolo nel posizionamento italiano nel mondo. Roma è sempre stata considerata rilevante in forza di una posizione geografica particolarmente adatta a ospitare infrastrutture strategiche, da varie angolazioni. Il posizionamento navale statunitense nel Mediterraneo è imperniato sulla penisola italiana (Napoli, Sigonella, La Maddalena), molto più che su qualunque altro Paese europeo. Il porto di Trieste è stato a lungo lo sbocco naturale della Mitteleuropa sul bacino mediterraneo, funzione che continua a esercitare nei confronti della potenza commerciale tedesca. La Puglia rappresenta un naturale braccio proiettato verso i Balcani e la Turchia, come dimostrato dai progetti di gasdotti che questa regione dovrebbe supportare.

Questa predisposizione geografica si è scontra da tempo con l'assenza di iniziative non solo a costruire ma anche a mantenere la rete infrastrutturale esistente. A livello ferroviario, per esempio, l'alta velocità è stata introdotta nel 2008 ma la sua estensione è limitata e resta tutt'ora fortemente dipendente da veri e propri punti di strozzatura, come il tratto Bologna-Firenze (lo si è potuto constatare a seguito delle tragiche alluvioni in Romagna nella primavera 2023, quando i collegamenti su strada ferrata risentirono pesantemente della chiusura dei tratti romagnoli).

La rete stradale è decisamente più capillare ma poggia ancora su opere ormai vetuste, parte della grande espansione infrastrutturale che accompagnò l'Italia negli anni Cinquanta e Sessanta. Le carenze della rete terrestre impattano poi pesantemente sulle capacità di porti e aeroporti. La debolezza della rete di collegamento transadriatica e transtirrenica consegna, per esempio, i porti del Meridione a uno sviluppo sottodimensionato rispetto alle loro potenzialità.

Ma il tema non è legato solo allo spostamento di merci e persone ma anche di informazioni: l'Italia difetta ancora di una efficiente rete di telecomunicazioni digitali e la decisione di affidare al fondo statunitense Kkr la realizzazione della cosiddetta rete unica, riservando per il ministero dell'Economia solo una quota minoritaria, ha posto un'altra infrastruttura strategica sotto la responsabilità di un attore non italiano.

Come sollevato nel rapporto redatto dal Congresso americano nel 1856 però, le infrastrutture non sono soltanto treni che arrivano in orario e aerei non cancellati ma le articolazioni necessarie a un Paese per poter proiettare i propri interessi. L'assenza di esse, al contrario, costringe un Paese a fare affidamento su mezzi non propri, esponendosi a una penetrazione di altre potenze da cui può in seguito rivelarsi difficile sottrarsi.

Negli ultimi anni l'Italia ha oscillato tra questo timore e la necessità di modernizzare le proprie infrastrutture. Se storicamente Roma si è affidata all'alleato americano per la propria sicurezza e ai propri partner europei per lo sviluppo delle proprie arterie commerciali (si pensi alla centralità del valico del Brennero o dell'annoso progetto della Torino-Lione), questo rapporto non ha portato i risultati sperati, anche per un'incapacità italiana di investire le necessarie risorse. La firma del memorandum d'intesa sulla Via della

Seta è stato un tentativo di trovare nuovi partner, disposti a sovvenzionare progetti di rimodernamento, o per lo meno di mettere sotto pressione i propri alleati per indurli a investire di più. Molto indicativamente i cinesi ambivano a investire nel porto di Trieste, dopo aver scartato gli approdi meridionali per la loro debolezza strutturale, come forma di collegamento con la locomotiva industriale tedesca. Allo stesso tempo lo stop imposto (non solo all'Italia, ma anche alla vicina Croazia, che puntava a subentrare a Trieste offrendo il proprio porto di Rijeka) a questo progetto dalle pressioni americane e il prossimo cancellamento del memorandum sembra aver chiuso questa possibilità.

Rimane ancora in piedi l'opzione turca, dato l'intensificarsi dei legami con Ankara per ragioni strategiche e la necessità di scendere a patti con un attore di peso nello scenario nordafricano e balcanico e capace di assicurare (o negare) i rifornimenti energetici provenienti in particolare dall'Azerbaijan.

Tuttavia, la Turchia non possiede i mezzi economici per poter assistere l'Italia nel rifacimento della propria rete infrastrutturale, né la volontà di impiegarli in maniera tanto generosa nei confronti di Roma. Anzi può muoversi liberamente proprio in forza dell'impotenza italiana dettata in parte anche da questa debolezza strutturale.

Forse, invece che interrogarsi su quale Paese possa accettare di costruire le opere di cui Roma ha bisogno, l'Italia dovrebbe prendere l'iniziativa nelle proprie mani. In un mondo dove la guerra e il confronto aggressivo tra potenze stanno tornando preminenti e ormai tracimano pericolosamente nel Mediterraneo stesso, pensare di combattere senza la cartilagine rappresentata da una adeguata rete infrastrutturale significa esporsi a rischi che l'Italia banalmente non può permettersi. Non sarebbe facile, per ragioni interne ed esterne, e rappresenterebbe indubbiamente uno sforzo considerevole per il «sistema Italia» ma, per citare il generale Patton, «Un'oncia di sudore oggi eviterà sempre un gallone di sangue domani».

La vocazione mediterranea di Roma e quella atlantica dei suoi alleati

Mentre Roma è parte fondamentale dello scacchiere atlantico, i suoi interessi l'hanno sovente costretta a interfacciarsi con potenze esterne – e spesso concorrenti – alla sfera americana. I complessi rapporti post-bellici con la Russia si sono mossi nel solco della necessità di mantenere un filo aperto con Mosca, prima per garantire la stabilità interna in presenza del più grande Partito Comunista d'Occidente e in seguito come parte di una strategia volta a fornire all'Italia l'accesso di risorse energetiche a basso costo. Quest'ultimo obiettivo è stato alla base anche del rapporto privilegiato che Roma ha coltivato col mondo arabo, dalla politica filoaraba della Prima Repubblica alle iniziative di Enrico Mattei. Meno preminente, da un punto di vista storico, è stato il rapporto con la Cina, complice la sua lunga chiusura nei confronti degli investimenti occidentali. I legami con Pechino si sono tuttavia intensificati dopo l'ingresso cinese nel Wto, al punto che oggi la Repubblica Popolare rappresenta il nostro secondo partner commerciale per quanto riguarda le importazioni.[4]

La geopolitica, del resto, costringe quasi fisiologicamente l'Italia a occuparsi di zone del mondo in antitesi con gli obiettivi della Nato e la sua superpotenza egemone. In ogni sistema internazionale esistono un centro e una periferia, la cui distinzione principale è che le priorità del sistema sono stabilite dal primo mentre la seconda si limita ad assorbirle. Nel sistema occidentale il centro è rappresentato da quella vasta regione che si affaccia sull'Atlantico settentrionale ed è così da quando l'apertura delle rotte commerciali interoceaniche, a cavallo del XVII secolo, ha portato al declino del Mediterraneo, permettendo alle potenze navaliste atlantiche (Olanda,

---

[4] Dati dell'osservatorio economico Maeci.

Portogallo e Inghilterra *in primis*, seguite dagli Stati Uniti) di rimpiazzare quelle mediterranee (in particolare, le repubbliche marinare, ma a cascata anche tutti gli altri Stati peninsulari).

L'Italia ha riacquistato una relativa importanza con l'apertura del Canale di Suez, nel 1869, che ha restituito al Mediterraneo, se non il ruolo di polmone economico occidentale, quello di arteria commerciale. Roma ha potuto godere così di una effimera fase di relativo protagonismo, inaugurando una propria politica coloniale incentrata proprio lungo la rotta Gibilterra-Bombay e venendo annoverata tra i Quattro Grandi alla Conferenza di Versailles, a fianco di Stati Uniti, Gran Bretagna e Francia. Ma in ultima analisi il tentativo italiano di affermarsi nel bacino mediterraneo finì per scontrarsi con la potenza marittima atlantica rappresentata dall'alleanza angloamericana, segnando la fine di ogni velleità di potenza da parte di Roma. L'alleanza atlantica che seguì tale sconfitta rappresenta, fin dal nome, l'incarnazione della tendenza storica alla vittoria dell'Atlantico sul Mediterraneo, al punto che nella prima versione essa non doveva includere l'Italia ma solo Stati Uniti, Canada, Gran Bretagna, Francia, Benelux e i Paesi scandinavi.

Adattandosi al nuovo *format*, Roma ha così interiorizzato il suo ruolo di "fianco sud" dell'Alleanza Atlantica, al punto da rivendicarlo nelle discussioni odierne sul posizionamento del Bel Paese. Tuttavia, in qualità di Paese mediterraneo, è evidente come gli obiettivi italiani tendano a essere non sovrapponibili con precisione con quelli di un'organizzazione fondata su solide basi atlantiche e il cui campo di azione era chiaramente identificato con l'Europa centro-orientale.

In primo luogo, per esempio, una divergenza emerge nei riguardi della regione nordafricana: per l'Italia potenziale trampolino per azioni ostili contro le coste nazionali e al contempo bacino energetico, destinatario naturale della proiezione economica e commerciale italiana, in ogni caso teatro imprescindibile per la propria sicurezza; per gli Stati Uniti solo un'altra landa lontana la cui importanza è limitata alla necessità di prevenire l'emergere di attori ostili capaci di interdire il traffico marittimo in prossimità di precisi restringimenti geografici, in ossequio alla dottrina navalista. L'intervento Nato in Libia nel 2011 rappresenta plasticamente questa distinzione: per Washington il successo fu rappresentato dall'eliminazione di Gheddafi, leader di una potenza regionale nemica capace di bloccare potenzialmente il traffico marittimo nel Mediterraneo, e non la sopravvivenza della Libia come Stato.

Per l'Italia, al contrario, la distruzione dello Stato libico ha significato una catastrofe geopolitica, demolendo nel giro di una notte un rapporto su cui Roma aveva investito decenni di sforzi per garantirsi rifornimenti petroliferi e cooperazione nel contenimento dei flussi migratori, oltre a un importante interscambio a livello di investimenti, trasformando il Nord Africa in una regione instabile e preda di potenze ostili agli interessi italiani. Un discorso simile si potrebbe fare per i Balcani o il Vicino Oriente.

I primi sono sempre stati identificati come un potenziale bacino di influenza e un punto di incontro/scontro tra le "Tre Rome" (Italia, Turchia, Russia). Tuttavia, la distruzione della Iugoslavia ha portato alla rinascita della Croazia e alla sua ammissione nei consessi europei, interrompendo la possibilità di una penetrazione della regione occidentale della Penisola e aprendo invece la strada all'influenza russa (in Serbia e in Bosnia) e turca (in Kosovo).

Complessivamente i Balcani hanno poi parzialmente preso il posto dell'Italia come gamba meridionale della Nato, soprattutto dopo lo scoppio del conflitto russo-ucraino, e hanno rafforzato le suggestioni di progetti geopolitici, come quello dell'Intermarium polacco, che lasciano poco spazio alla visione mediterranea di Roma.

Nel Levante invece la tradizionale vocazione filo-araba italiana è stata gradualmente scolorita a favore di un posizionamento più in linea con la dirigenza statunitense: la partecipazione italiana all'invasione dell'Iraq nel 2003, il ruolo nella caduta di Gheddafi, l'adozione di un atteggiamento più filo-israeliano e la perdita senza battere ciglio di regimi vicini agli interessi italiani, come quello di Ben Alì in Tunisia, hanno coinciso con un cambio dell'impostazione italiana nei confronti del mondo arabo.

Il tema della coincidenza o meno dei nostri interessi con quelli atlantici e del nostro rapporto con le superpotenze antiamericane è ritornato in auge prima con lo scoppio del conflitto ucraino e poi con il dibattito sul rinnovo o meno del memorandum d'intesa con la Cina sulla cosiddetta Nuova Via della Seta. Il probabile ritiro italiano dal suddetto accordo è stato letto come una misura necessaria per confermare la nostra fedeltà atlantica.

Se il governo Meloni darà seguito a queste interpretazioni, rischierebbe di andare in contro a una serie di rischi. Non tanto per l'importanza dell'intesa in sé ma perché confermerebbe un'immagine di Roma come di un non-attore, i cui interessi sono delegati agli Stati Uniti e con il quale non vale la pena trattare. Il memorandum potrebbe invece fungere da merce di scambio, costringendo Washington a offrire contropartite per compensare lo sbilanciamento verso la Cina e garantendo una leva negoziale di cui Roma, esposta a crescenti turbolenze regionali e povera di risorse, ha fortemente bisogno.

Del resto, avendo già indispettito gli americani sottoscrivendo l'intesa nel 2019, indisporre ora anche i negoziatori cinesi rappresenterebbe un doppio danno, perdendo la possibilità di costruirsi con Pechino una reputazione come partner credibile senza peraltro guadagnarne una a Washington, rimanendo confinanti nel limbo del Paese troppo inaffidabile per poter ottenere qualche benevolenza ma abbastanza non autonomo da poter essere trascurato.

In conclusione, mentre l'Italia fa parte della sfera di influenza americana e difetta sia dei mezzi sia della volontà di uscirne – al netto di quanto questa opzione possa essere conveniente – la sua posizione la espone a pressioni geopolitiche il cui impatto rende difficile non sviluppare una posizione dei confronti di altre potenze-chiave, in primis, la Turchia, il cui attivismo nell'Estero Vicino italiano merita una risposta. Non necessariamente ostile, ma una risposta. Attendere che i nostri partner storici si ricordino di noi, senza peraltro fare alcunché per facilitare questa epifania, appare un lusso che Roma non può più permettersi.

Un ruolo più preminente per l'Italia potrebbe cozzare con gli interessi di alcuni storici alleati, non ultimi la Francia e gli stessi Stati Uniti. Del resto, due vocazioni navali (nel Mediterraneo quella italiana, su ogni mare quella americana) sono naturalmente portate a entrare in frizione. Un posizionamento acritico nei confronti della linea americana sembra andare dunque a detrimento dell'interesse italiano e gli ultimi anni dovrebbero spingere a una revisione di postura. Allo stesso tempo, il prossimo disimpegno americano per concentrarsi sul contrasto alla Cina nel Pacifico e il crollo delle ultime vestigia (neo)coloniali francesi in Africa stanno creando un vuoto in cui Roma potrebbe inserirsi, eventualmente anche con l'assenso di un'America interessata a stabilizzare il bacino mediterraneo e a bilanciare la penetrazione di attori più ostili ai suoi interessi.

Lasciare invece incancrenire la situazione per anni con l'illusione che si risolverà da solo, come dimostrano i tragici fatti che hanno scosso di recente il Medio Oriente, rappresenta un errore superiore a qualunque *défaillance* d'*intelligence*. Un errore che, avrebbe detto Fouché, sarebbe peggio di un crimine.

L'Italia di Meloni alla prova dell'Unione Europea

La premier ha stupito con il suo inedito approccio moderato. Ma saranno i risultati concreti a dire se riuscirà a tracciare una nuova via per la destra continentale.

Rodolfo Fabbri

N ell'Unione Europea tutti gli Stati sono uguali, ma alcuni sono più uguali degli altri. Fuori dalla metafora orwelliana, a fronte di una formale uguaglianza tra gli Stati membri, sin da quando si chiamava ancora Comunità Economia Europea (Cee), l'Ue è stata trainata dal cosiddetto "asse franco-tedesco". Le iniziative di ulteriore integrazione europea, così come l'ammissione di nuovi Stati membri (da ricordare su tutti i ripetuti "no" di Charles De Gaulle all'ingresso del Regno Unito negli anni Sessanta) erano sostanzialmente appannaggio di Francia e Germania. La prima forte della sua centralità strategica e militare, la seconda della sua ritrovata potenza economica.

E l'Italia? Il contributo del nostro Paese all'integrazione europea non va sottovalutato. Siamo tra i sei Paesi fondatori insieme – oltre a Francia e Germania – a Paesi Bassi, Belgio e Lussemburgo. Nel 1955 si svolse a Messina, la città dell'allora ministro degli Esteri Gaetano Martino, la conferenza che rilanciò il progetto europeo dopo la bocciatura francese della Comunità Europea di Difesa. Due anni dopo fu scelta Roma per la firma del trattato che sancì la nascita della Cee, la prima vera antenata dell'Unione europea. Nei decenni successivi però, l'Italia ha scontato la sua relativa debolezza rispetto a Parigi e Berlino. Se dopo il suo ingresso nel 1973 il Regno Unito ha giocato la parte del "grande Paese" ostile a ulteriore integrazione, l'Italia è sempre stata (almeno fino a qualche anno fa) tra i membri più europeisti del club, agganciata al treno franco-tedesco verso «un'unione sempre più stretta tra i popoli europei».[1]

Come ricordava Indro Montanelli però, in Europa i tedeschi ci sono entrati da tedeschi, i francesi da francesi, e gli italiani da europei. Non solo e non tanto per indole idealista. Dopo il Trattato di Maastricht del 1992, che istituì l'Unione europea e pose le basi per

---

[1] *Trattato che istituisce la Comunità Economica Europea*; p. 11; Roma; 25.03.1957.

la moneta unica, il peso della nuova Germania riunificata crebbe. L'Italia invece, fiaccata da un decennio di enorme aumento di debito pubblico, dovette adottare politiche restrittive per rispettare i parametri richiesti per entrare nell'euro. La relativa debolezza economica, l'esposizione agli attacchi speculativi e la cronica instabilità politica hanno fatto sì che il nostro Paese non abbia mai contato come, per peso e demografia, avrebbe potuto nel consesso europeo.

Nell'ultimissimo periodo però, la congiuntura geopolitica continentale è favorevole all'Italia. Come non accadeva da molti anni, a Roma si è insediato un governo "forte", per i canoni italiani. L'importanza della stabilità politica nelle istituzioni comunitarie, a prescindere dal colore delle maggioranze di governo, è maggiore di quanto possa sembrare. Le trattative a Bruxelles richiedono tempi lunghi: difficile attuarle con coerenza e continuità con governi che durano in media poco più di un anno. Inoltre, la breve permanenza dei presidenti del Consiglio a Palazzo Chigi ha fatto sì che sempre più frequentemente i partner europei cercassero sponde nell'unica istituzione stabile del panorama politico nazionale, la presidenza della Repubblica. Il governo Meloni ha una maggioranza parlamentare solida e relativamente omogenea, caso tutt'altro che frequente alle nostre latitudini.

Berlino e Parigi in difficoltà

Germania e Francia stanno invece vivendo, per motivi diversi, un momento di difficoltà. La prima possiede l'esecutivo più impopolare della sua storia recente,[2] composto da tre partiti ideologicamente distanti e in costante lite tra loro. Inoltre, la situazione economica tedesca è negativa, con il Paese che è andato per la prima volta in recessione dopo molti anni, ad esclusione del periodo pandemico. A questa è strettamente legata la difficile riconversione

---

[2] N. ALIPOUR; *Nearly two in three Germans want a new government*; Euractiv; 21.08.2023.

energetica tedesca. Nei 16 anni targati Angela Merkel, infatti, la Germania si è fortemente legata al gas russo, scegliendo persino di chiudere le proprie centrali nucleari. Uno scenario davvero complesso per il cancelliere Olaf Scholz, che incassa sondaggi da incubo e che, per la prima volta dopo la fine della Seconda guerra mondiale, deve preoccuparsi di contrastare l'ascesa di un partito di estrema destra,[3] *Alternative für Deutschland.*

Differente, ma comunque non rosea, è la situazione francese. Dal punto di vista economico la congiuntura è certamente migliore di quella tedesca: il Pil è in crescita e l'inflazione sotto controllo. Le problematiche di Parigi sono principalmente di natura sociale. Il 2023 ha visto proteste oceaniche contro la riforma delle pensioni e la violenta rivolta delle *banlieue.* Il presidente Emmanuel Macron non è mai stato particolarmente popolare, ma lo scorso anno è stato comunque rieletto per sbarrare la strada a Marine Le Pen. Il suo partito non è però riuscito a ottenere una maggioranza parlamentare, dunque il governo presieduto dal primo ministro Élisabeth Borne è costretto a scendere a compromessi con il centrodestra tema per tema. Non va infine dimenticata la *débacle* transalpina in Africa: una serie di colpi di Stato hanno estromesso i governi più vicini a Parigi. Le nuove giunte hanno in più occasioni cacciato i militari presenti, con il sostegno di una popolazione che nella presenza francese non vede altro che la prosecuzione della colonizzazione con altri mezzi.[4]

Gli interessi italiani e la postura di Meloni in Europa

L'attuale congiuntura, dunque, con un'Italia politicamente stabile e

---

[3] *Support fot the hard-right Afd is surging in Germany;* The Economist; 13.07.2023.
[4] J. Keaten, S. Mednick, C. Anna; *France's waning influence in coup-hit Africa appears clear while few remember their former colonizer;* AP News; 4.09.2023.

Germania e Francia "distratte" da problematiche di carattere interno, renderebbe il momento propizio per una maggiore attivismo della Penisola all'interno del panorama comunitario. Prima di valutare se e come questo stia avvenendo, è utile fare un passo indietro e provare a capire quali effettivamente siano gli interessi italiani in Europa. Sono ovviamente molti, ma è possibile ridurli a due macrocategorie: quelli di natura economico-finanziaria e quelli, di importanza crescente, legati alle migrazioni. Dal punto di vista economico l'Italia, in quanto Paese più indebitato d'Europa dopo la sola Grecia, ha due fondamentali interessi: il "rilassamento" del Patto di Stabilità e la possibilità di poter condividere il debito con il resto d'Europa.

Il primo è lo strumento per tenere sotto controllo il bilancio degli Stati membri, in special modo quelli che aderiscono alla moneta unica. Il Patto di Stabilità prevede che il deficit[5] degli Stati membri non debba superare il 3%, mentre il debito pubblico non debba superare il 60%. L'Italia e gli altri Paesi mediterranei da tempo criticano il Patto di Stabilità che, se rispettato pedissequamente, sarebbe un grosso freno alla crescita delle economie più indebitate (l'Italia ha un debito pubblico superiore al 140% del Pil). In seguito alla pandemia da Covid 19 il Patto è stato sospeso per tre anni, ma tornerà in vigore nel 2024. Le trattative per una sua riforma sono ancora in corso: inutile dire che si tratta di regole fondamentali, dal momento che tutte le manovre finanziarie dei Paesi membri passano dalla lente della Commissione europea.

Sempre legata alla mole del debito pubblico italiano è la possibilità di mutualizzare, almeno in parte, il denaro preso a prestito a livello europeo. Ciò è avvenuto con il *Recovery Fund,* l'enorme piano comunitario finanziato con debito comune europeo per la ripresa dalla crisi pandemica, che in Italia si è sostanziato nel famoso Piano di Ripresa e Resilienza (Pnrr). Per Roma poter ottenere denaro in prestito tramite lo scudo ufficiale dell'Unione europea sarebbe un

---

[5] Un bilancio si dice in "deficit" quando la spesa annuale supera le entrate fiscali e il Pil.

netto risparmio: gli investitori, chiaramente, si fidano maggiormente dell'Unione europea nel suo complesso piuttosto che dell'indebitata Italia. Ciò, tuttavia, è avversato dai Paesi "frugali" del Nord Europa, per cui il *Recovery Fund* è considerato unicamente come una misura eccezionale per rispondere a un evento eccezionale.

Per quanto riguarda il dossier migrazione invece, è chiaro come l'Italia sia per posizione geografica uno degli attori più esposti alle rotte provenienti dall'Africa. Dopo alcuni anni di relativa calma, il 2023 ha visto un'esplosione degli arrivi, che alla fine di settembre avevano superato i 130mila.[6] Contrariamente a quanto qualcuno avesse previsto,[7] il governo Meloni, eletto anche grazie alla promessa di ridurre al minimo gli arrivi illegali sulle coste italiane, ha scelto un approccio europeo per cercare di fermare l'ondata migratoria. Nei mesi di giugno e luglio la presidente del Consiglio si è recata tre volte in Tunisia, di cui due in compagnia della presidente della Commissione Ursula von der Leyen e del primo ministro olandese Mark Rutte, per firmare un accordo con il Paese nordafricano. L'intesa con il presidente tunisino Kaïs Saïed non riguarda solamente il dossier migratorio, ma è un accordo omnicomprensivo di aiuti europei per lo sviluppo di un Paese messo in ginocchio dalla siccità e dalla crisi economica, oltre che dalle decine di migliaia di migranti subasahariani che utilizzano la Tunisia come base per raggiungere l'Europa. Il memorandum è stato salutato come un successo politico di Giorgia Meloni, ma è rapidamente fallito. Le partenze sono al massimo storico e, dopo numerose schermaglie, il presidente tunisino ha restituito la prima tranche di fondi che erano stati versati dalla Commissione europea.[8]

Il 17 settembre, mentre l'hotspot di accoglienza di Lampedusa era al collasso, con oltre 5mila migranti, Ursula von der Leyen si è

---

[6] Ministero dell'Interno; *Sbarchi e accoglienza dei migranti: tutti i dati;* consultato il 26.09.2023.

[7] J. Horowitz; *Italy's Hard-Right Leader Vexes Europe by Playing Nice, Mostly;* The New York Times; 14.02.2023.

[8] J. Liboreiro, V. Genovese; *La Tunisia restituisce 60 milioni di euro di aiuti a Bruxelles;* Euronews; 12.10.2023.

recata insieme a Giorgia Meloni sull'isola siciliana, promettendo un (vago) piano di aiuti in 10 punti. L'Italia ha anche incassato la "solidarietà" di Francia e Germania, con la prima che ha però chiarito che il suo aiuto si sostanzierà nella migliore difesa delle frontiere esterne del Paese e non certo in accoglienza,[9] mentre il partito liberale Fdp al governo in Germania si affrettava a dire che avrebbe bloccato ogni tentativo di ricollocamento dei migranti sbarcati in Italia.[10]

Il nostro Paese è dunque, come quasi sempre è stato in queste situazioni, sostanzialmente solo. Ha sorpreso però la scelta di Meloni: il suo tentativo di mutualizzazione della crisi migratoria è parte di una postura europea più ampia. Prima donna a guidare il governo di Roma e soprattutto primo presidente del Consiglio a provenire dai partiti della galassia post-fascista, la premier aveva avuto negli anni della sua ascesa una retorica antieuropea e a tratti populista. Se vi si aggiunge che il suo principale partner di minoranza è la Lega di Matteo Salvini, che dell'opposizione a Bruxelles ha fatto una vera e propria bandiera, si capisce come i timori per un nuovo corso antieuropeista a Roma con l'esecutivo più a destra della storia repubblicana albergassero nei palazzi delle istituzioni comunitarie.[11]

La leader di Fratelli d'Italia ha invece sorpreso tutti. A differenza di coloro che sono i suoi dichiarati alleati, i primi ministri polacchi e ungheresi Mateusz Morawiecki e Viktor Orbán, i suoi rapporti con le istituzioni comunitarie sono stati caratterizzati da cordialità e collaborazione. Meloni ha cercato, ed entro certi limiti è riuscita, di costruire una relazione positiva con von der Leyen. È riuscita a conservare un buon rapporto anche con Joe Biden, un *unicum* tra i leader della destra radicale europea, anche grazie alla scelta di stare risolutamente dalla parte dell'Ucraina nel conflitto con la Russia sin

---

[9] «*La France ne s'apprête pas» à accueillir les migrants de Lampedusa, assure Darmanin avant de se rendre à Rome*; Le Parisien; 18.09.2023.

[10] D. Basso, F. Pascale, N. Alipour; *German liberals reject migration help for Italy*; Euractiv; 19.09.2023.

[11] C. Gijs; *Europe's right wing cheers Meloni's win in Italy, as others look on nervously*; Politico; 26.09.2022.

da quando era all'opposizione del governo Draghi.

Secondo il ricercatore Anthony J. Costantini, la scelta di Meloni si inserirebbe all'interno di un approccio che si può definire di "nazionalismo occidentalista", e non di tradizionale "nazionalismo locale", adottato invece dai populisti di destra europei.[12] Secondo questa tesi, la presidente del Consiglio sarebbe convinta che solo attraverso un'Unione europea composta sì da Stati nazionali forti, ma unita e vicina a Washington, i valori dell'Occidente sarebbero difesi al meglio, mentre un'Italia da sola avrebbe poche carte da giocare. Altri ritengono più prosaicamente che la scelta della leader di FdI di avvicinarsi agli Stati Uniti sia stata motivata solamente dal rendere più digeribile la sua ascesa al potere, mentre la collaborazione con le istituzioni europee deriverebbe dalla difficile situazione economica nazionale.[13]

Le elezioni europee e il dilemma della premier

Quale che sia la principale ragione dietro l'inattesa postura di Giorgia Meloni, e nonostante i relativi successi, è indubbio che la leader di Fratelli d'Italia preferirebbe trattare con una Commissione a lei ideologicamente più vicina. La sua grande occasione sono le prossime elezioni europee, che si terranno tra il 6 e il 9 giugno del 2024. L'Unione europea è infatti da sempre governata da una grande coalizione che si situa tra il centrodestra dei popolari e il centrosinistra dei socialisti, a cui negli ultimi anni si sono aggiunti anche i centristi liberali di Renew Europe. Questa alleanza taglia fuori, oltre alla destra e alla sinistra radicale, anche il Partito dei Conservatori e Riformisti Europei (Ecr) presieduto da Meloni.

Tale gruppo, fondato nel 2009 dai Conservatori britannici e dai

---

12 A.J. COSTANTINI; *Meloni's Western nationalism*; Politico; 04.09.2023.
13 J. HOROWITZ; *Italy's Hard-Right Leader Vexes Europe by Playing Nice, Mostly*; The New York Times; 14.02.2023.

polacchi di Diritto e Giustizia (Pis), ha un'ideologia critica nei confronti dell'Unione europea: vorrebbe Stati nazionali più forti e istituzioni comunitarie più deboli, ma non lo scioglimento dell'Unione. «La nostra visione è quella di un'Europa di patrie, di nazioni forti, non quella utopica federalista, con il potere centralizzato a Bruxelles» ha dichiarato l'allora primo ministro polacco Mateusz Morawiecki accanto alla premier italiana lo scorso 20 febbraio.[14] Dopo l'uscita dei britannici in seguito alla Brexit, infatti, i polacchi hanno avuto il sostanziale controllo del partito fino all'ascesa di Fratelli d'Italia e di Giorgia Meloni, che ne è presidente dal settembre 2020 (ma che dovrebbe lasciare il posto al ceco Petr Fiala dopo le europee).

A differenza di Identità e Democrazia (Id), l'altro gruppo di destra in cui siedono, tra gli altri, la Lega di Matteo Salvini e il Rassemblement National di Marine Le Pen, Ecr è fortemente antirusso, proprio perché egemonizzato da partiti dell'Europa orientale. Lo scoppio del conflitto in Ucraina, e in particolare il grande sforzo messo in campo dalla Polonia nell'accoglienza i profughi di guerra, hanno migliorato i rapporti tra Varsavia e la Commissione europea, riabilitando conseguentemente il gruppo Ecr all'interno delle istituzioni comunitarie. Il mutato contesto internazionale e, non secondariamente, la scelta della maggioranza del Partito Popolare Europeo (Ppe) di allinearsi alla destra in contrapposizione alle politiche ecologiste della Commissione, hanno fatto balenare la possibilità per la prossima legislatura di un'alleanza di centrodestra che comprenda il Ppe e i liberali ed Ecr, con quest'ultimo che andrebbe a sostituire i socialisti nella tradizionale maggioranza di Strasburgo. La principale sponsor di questa eventualità, oltre al presidente del Ppe Manfred Weber, è proprio Giorgia Meloni. «Senza una visione politica omogenea l'Europa è dei burocrati. Abbiamo il dovere di provare a cambiare. Serve un sano bipolarismo che consenta a una nuova maggioranza di poter indicare una strada chiara in una fase

---

[14] *Meloni a Varsavia: «Con Polonia stessa idea su Europa. Kiev conti su di noi»;* Sky Tg24; 20.02.2023.

storica decisiva», ha dichiarato la presidente del Consiglio ad Alessandro Sallusti nel suo libro-intervista "La Versione di Giorgia".[15]

Il sogno della premier sembra però destinato a rimanere tale per almeno due motivi. Il principale è politico: anche lasciando fuori gli estremisti di Identità e Democrazia, molti dei partiti che potrebbero essere coinvolti in un'eventuale alleanza di centrodestra a livello europeo sembrano essere incompatibili gli uni con gli altri. Tra i liberali ci sono partiti di centrosinistra del Benelux e del Nord Europa, che difficilmente accetterebbero di sostenere la stessa commissione di Vox, di Reconquête o della destra tradizionalista polacca. Proprio in Polonia, dove gli alleati di Meloni hanno perso le elezioni lo scorso 15 ottobre, i due principali avversari sono tra i maggiori azionisti di Ecr e Ppe, il che rende difficile un accordo. E gli esempi potrebbero continuare. Poi c'è un problema numerico: secondo gli attuali sondaggi,[16] Ecr otterrebbe poco più della metà dei seggi dei socialisti, dunque il suo apporto non sarebbe sufficiente per ottenere una maggioranza di centrodestra al Parlamento europeo.

È dunque probabile che anche la prossima Commissione sarà sostenuta da una grande coalizione, e non è affatto da escludere che a guidarla ci sarà ancora Ursula von der Leyen. Per Meloni si aprirebbe a quel punto un grosso dilemma. Potrebbe scegliere di sostenere la nuova-vecchia Commissione insieme alla sinistra, prestando il fianco alle accuse della destra di Salvini (con il quale è già partita un'evidente competizione elettorale per le europee) nel tentativo di continuare la sua linea di collaborazione con le istituzioni Ue per far valere gli interessi italiani, oppure potrebbe coerentemente rimanerne all'opposizione, rischiando però di marginalizzare il nostro Paese. Interrogata sul tema da Bruno Vespa, Meloni ha risposto di «non essere avvezza a fare accordi con la sinistra».[17]

---

[15] A. Sallusti; *La Versione di Giorgia*; Rizzoli Editore; 2023.

[16] Politico Poll of Polls; *Eu Parliament elections projection*; consultato il 26.09.2023.

[17] I. Lombardo; *Meloni: «Fermiamo le partenze». E attacca Gentiloni: «Non ci aiuta»*; La Stampa; 14.09.2023.

La risoluzione del dilemma della premier dipenderà anche da quali frutti avrà dato la sua sorprendente strategia di collaborazione con Bruxelles. Sul tema migratorio Meloni ha finora ottenuto una vittoria più di immagine che di sostanza (von der Leyen che dice «siamo noi a decidere chi arriva in Europa, non i trafficanti»[18] non si era mai vista), poiché, per ora, le misure europee non hanno ancora sortito alcun effetto. Allo stesso tempo si vedrà quali saranno le modifiche ottenute dalla modifica del Patto di Stabilità: in questo la polemica con il commissario italiano all'Economia Paolo Gentiloni,[19] che si era battuto per modificare la bozza in senso favorevole a Roma, si è rivelata probabilmente un passo falso. Se i risultati (anche elettorali) non dovessero essere soddisfacenti, non stupirà vedere un ritorno alla Meloni antieuropeista. Se invece avrà successo, anche grazie alla congiuntura favorevole di cui si è parlato, la prima presidente del Consiglio donna della storia d'Italia avrà davvero stupito tutti e potrà tracciare una via per la destra e l'Italia del futuro.

---

[18] H. ROBERTS; *Von der Leyen aligns with Italy's tough approach on migration;* Politico; 17.09.2023.
[19] M. GUERZONI; *L'irritazione di Meloni su Gentiloni: tra i due rimane il gelo;* Corriere della Sera; 12.09.2023.

Roma guarda Ankara, la Turchia nell'estero vicino italiano

Libia, gas, rotte migratorie e contesa per i Balcani: le relazioni italo-turche sono indispensabili, ma l'alternativa a una strategia è la subalternità.

Alessandro Taviani

«Il negoziato di adesione della Turchia all'Unione Europea avrebbe dovuto essere il punto di partenza per la realizzazione – sia pure graduale e complessa – di un sogno che si era nutrito di tanti anni di promesse. Non era stato facile arrivarci, ma in tanti sapevamo che si trattava di un atto dovuto anche e soprattutto per risvegliare l'Europa dal torpore».[1]

Scriveva così nel 2019 Carlo Marsili, Ambasciatore d'Italia ad Ankara dal 2004 al 2010. Egli volle sottolineare inoltre come, a causa di una serie di fattori che vanno dal volume degli interscambi commerciali fino alla continuità storica e geografica, Turchia e Vecchio continente non potessero che essere interessate da un destino comune. Quasi vent'anni più tardi dall'apertura dei negoziati di adesione, con il progetto di integrazione europea della Turchia prima fortemente caldeggiato, tra gli altri, dall'Italia, ora congelato se non del tutto tramontato, sono molti gli eventi contingenti e di lunga durata che hanno impattato sui rapporti tra Roma e Ankara.

In primo luogo, l'ascesa – prima a capo del governo poi come presidente – di Recep Tayyip Erdogan e il conseguente scontro dell'islam politico con la tradizione laica e kemalista del Paese, giunto al parossismo col tentato golpe del luglio 2016. Quest'ultimo, giustificazione per la successiva repressione contro vari apparati dello Stato, giornalisti e vertici della società civile turca e per un ampliamento dei poteri nelle mani del presidente, sancito con un referendum di modifica costituzionale nell'aprile 2017.

Dal canto loro, molte cancellerie europee hanno da sempre sottolineato l'alterità tra lo Stato anatolico e il Vecchio continente in

---

[1] C. Marsili; *I Rapporti Bilaterali Italia-Turchia;* CeSPI; Approfondimenti n.2/06.2019; p. 2.

termini di cultura e religione, criticando e condannando anche l'occupazione della parte nord di Cipro, le varie azioni contro la popolazione curda e il non riconoscimento del genocidio armeno, commesso dal governo della Sublime Porta più di un secolo fa.

Inoltre, anche la componente demografica è vista come un'ulteriore giustificazione dell'inerzia dei Paesi membri: la Turchia conta oggi più di 86 milioni di abitanti, una popolazione giovane, in rapido aumento e in netto contrasto con quelle europee, più anziane e declinanti. Si tratterebbe quindi di un vero e proprio *game changer* degli equilibri in seno all'Unione che pochi governi potrebbero accettare.

Fattore decisivo è poi la nuova e vigorosa politica estera turca dell'ultimo decennio, denominata "neo-ottomanesimo". Un attivismo che va dalla Libia alla Siria e all'Iraq, dai Balcani alle acque del Mediterraneo orientale, che sfrutta i nuovi strumenti di *soft power* e il settore degli armamenti, con il popolare drone Bayraktar. Elementi che fanno del Paese una potenza regionale con la quale l'Italia deve ed è costretta a fare i conti: i turchi sono sempre più vicini alle frontiere terrestri e marittime italiane e, nonostante i decennali rapporti di amicizia e cooperazione economica e militare che legano i due Stati, negli ultimi tempi gli interessi in campo geopolitico sono entrati in contrasto. Lo si nota non tanto sul piano militare ma su quello della retorica, basti pensare alla ferma condanna di Roma dell'offensiva turca nel nord della Siria nel 2019[2] e alla diatriba tra le due diplomazie dopo che l'allora presidente del Consiglio, Mario Draghi, aveva definito nel 2021 Erdogan «un dittatore».[3]

Detto questo, restano molti gli ambiti di collaborazione tra i due Paesi, grazie soprattutto alla complementarità delle economie e alle nuove prospettive conseguenti al conflitto in Ucraina, con il Paese

---

[2] A. AMANTE; *Italia condanna offensiva turca in Siria, è inaccettabile*; Reuters; 10.10.2019.

[3] ANSA; *Draghi, 'Erdogan un dittatore'. Scontro con la Turchia*; consultato il 19.09.2023.

anatolico sempre più equilibratore e snodo fondamentale per il trasporto di gas dalla zona caucasica all'Europa. In tal senso, scriveva ancora Marsili: «Del resto, la Turchia ha bisogno dell'Occidente quanto l'Occidente ha bisogno della Turchia. Qualsiasi considerazione e qualsiasi prospettiva di politica internazionale non può che partire da questo immutabile presupposto».[4]

Neo-ottomanesimo in Libia

Annesse dall'Impero Ottomano nel XVI secolo, le regioni storiche della Cirenaica e della Tripolitania avevano goduto di una rilevante autonomia da Costantinopoli, questa cessata solo a conseguenza della guerra italo-turca (1911-12) con la quale vennero cedute a Roma. Ambite soprattutto per questioni di ordine interno all'Italia giolittiana e prive di risorse naturali – Gaetano Salvemini definì la Libia un "grande scatolone di sabbia" – esse costituirono fino alla Seconda guerra mondiale la quarta sponda del nostro Paese. Nella seconda metà del secolo scorso, la Libia ha ricoperto un ruolo importante nell'economia italiana dopo la scoperta di numerosi giacimenti di idrocarburi, con Eni in prima fila tra le varie compagnie petrolifere per l'esplorazione e l'estrazione di gas e petrolio.

A seguito della guerra civile che ha imperversato nel Paese dal 2011 e l'intervento militare di alcuni Paesi – tra cui l'Italia – su autorizzazione del Consiglio di Sicurezza dell'Onu contro il regime di Gheddafi, la Turchia ha saputo riguadagnare terreno nel Paese nordafricano, inizialmente inviando aiuti umanitari e, in seguito, investendo tempo e risorse nella ricostruzione postbellica. L'obiettivo principe, oltre agli idrocarburi, è di ordine geopolitico: ricoprire un "vuoto" causato dal rovesciamento di Gheddafi e dalle mosse di Stati Uniti e Paesi europei.

---

[4] C. MARSILI; *I Rapporti Bilaterali Italia-Turchia;* CeSPI; Approfondimenti n. 2/06.2019, p. 5.

L'impegno è aumentato di grado a partire dal 2019, anno in cui Ankara ha proseguito il nuovo corso in politica estera scegliendo di giocare un ruolo di primo piano in questo scenario. Riconoscendo il Governo di accordo nazionale (Gna) di Tripoli e sottoscrivendo con esso un accordo di cooperazione militare e di demarcazione dei rispettivi confini marittimi, Erdogan ha potuto inviare milizie, armi e droni in Tripolitania, poi risultati decisivi nel respingere l'offensiva delle truppe della Cirenaica guidate dal generale Khalifa Haftar e coadiuvate da uomini del Gruppo Wagner. La Turchia ha inoltre ampliato la propria sfera di influenza nel Mediterraneo, iniziando attività di scandaglio e perforazioni *off-shore* in cerca di giacimenti di gas naturale in un'area rivendicata anche da Grecia e Cipro.[5]

Sebbene allineata alla posizione italiana a fianco del governo di Tripoli, Ankara si è posta come attore protagonista in uno scenario strategico e geograficamente prossimo al nostro Paese che, per mancanza di visione o volontà politica, ha dovuto optare per l'inerzia e assistere a un ritorno, più di cento anni dopo, dei turchi nel suo estero vicino.

Prove di forza per il gas nel Mediterraneo

La rinnovata assertività marittima turca poggia le basi sulla "dottrina della Patria Blu" – *Mavi Vatan* – per la quale Erdogan considera la propria piattaforma continentale (dal Mar Nero all'Egeo, fino al Mediterraneo orientale) una zona di influenza da proteggere e nella quale possedere diritti esclusivi.

Come detto, l'accordo turco-libico ha delimitato le Zone Economiche Esclusive (Zee)[6] dei due Stati, scatenando le reazioni di

---

[5] F. Anghelone e F. Donelli; *Turchia;* Atlante Geopolitico del Mediterraneo 2022; pp. 377-378.
[6] Stando alla Convenzione delle Nazioni Unite sul diritto del mare del 1982 (Unclos), la Zee può estendersi fino a 200 miglia nautiche e lo Stato costiero che

Egitto, Cipro[7] e soprattutto Grecia, dato che la Zee turca si spinge fino alle acque intorno a Creta. Di conseguenza, nel 2020 Atene ha deciso di siglare alcuni accordi bilaterali di delimitazione delle Zee con Egitto e Italia. Così facendo, si è creata una situazione in cui la Zona greco-egiziana e quella turco-libica si sovrappongono, aumentando l'incertezza in una porzione di Mediterraneo sempre più contesa e dove queste demarcazioni sono del tutto strumentali al fine di accaparrarsi le enormi ricchezze energetiche da poco scoperte. Si nota infatti una sempre maggiore territorializzazione del *Mare Nostrum,* alla quale l'Italia non si è sottratta: con la legge 9 del 2021 Roma ha infatti istituito la propria Zee.

I primi giacimenti di gas nella zona sono stati portati alla luce a partire dal 2010 da compagnie americane e israeliane nell'*offshore* dello Stato ebraico. L'Italia è invece presente in questo contesto dal 2015 grazie alle attività di ricerca di Eni che, insieme alla francese Total, ha individuato alcuni pozzi e giacimenti al largo delle coste egiziane e cipriote.

Inoltre, pochi mesi fa, la compagnia italiana ha annunciato[8] una nuova e rilevante scoperta di gas nel Mediterraneo orientale, nella Zee dell'Egitto, che segue così quella dell'agosto del 2022, a 160 chilometri al largo di Cipro, quest'ultimo descritto come uno dei giacimenti più grandi del mondo.

I vari ritrovamenti sottolineano quindi la ricchezza del sottosuolo di questa porzione di mare, motivo a cui si deve l'attivismo turco che, oltre all'accordo con Tripoli, si basa anche su alcune azioni militari. Nel 2018 la Marina turca ha infatti fatto cessare delle attività di perforazione da parte di Eni in acque cipriote (ma rivendicate da Turchia e Cipro del Nord) e, successivamente, la stessa è

---

la dichiara ha diritto allo sfruttamento e alla gestione delle risorse naturali presenti nelle acque, nel fondo marino e nel suo sottosuolo.

[7] La Repubblica di Cipro (la parte sud dell'isola) non viene riconosciuta dalla Turchia che, anzi, la considera secessionista. Per questo non è riconosciuta neppure la Zee cipriota.

[8] ENI; *Eni annuncia una nuova scoperta di gas nel Mediterraneo orientale al largo dell'Egitto;* Eni Media/Comunicati Stampa; consultato il 20.09.2023.

stata impiegata come scorta alle imbarcazioni intente alla ricerca di nuovi giacimenti al largo di Cipro del Nord. Italia e Turchia si trovano quindi su due schieramenti opposti, questi cristallizzati con la creazione nel 2019 dell'*East Mediterranean Gas Forum* (Emgf), organizzazione internazionale dei Paesi produttori di gas nel Mediterraneo orientale, ovvero Grecia, Egitto, Francia, Italia, Giordania, Cipro, Israele e Palestina.

Con Stati Uniti e Ue osservatori, l'Emgf si propone di creare un mercato del gas regionale nel Mediterraneo orientale tramite maggior dialogo e cooperazione tra i Paesi coinvolti, rilanciando anche il progetto del gasdotto *EastMed,* il quale dovrebbe rifornire il Vecchio continente con il gas dei giacimenti israeliani, passando da Grecia e Cipro.[9]

Con l'inizio del conflitto in Ucraina il carattere esplicitamente antiturco dell'iniziativa ha iniziato a stridere con la necessità di molti Paesi europei di diversificare le fonti di approvvigionamento di gas da quello russo. Lo Stato anatolico ha assunto quindi una nuova centralità e importanza per l'Europa in questo settore, considerando anche che il suo territorio è attraversato dal *Southern Gas Corridor,* una serie di gasdotti che collega il Mar Caspio con la Puglia.

Secondo delle recenti dichiarazioni[10] dell'amministratore delegato di Eni, Claudio Descalzi, la Turchia non potrà infatti essere esclusa dagli accordi per il progetto *EastMed* data la questione di Cipro e l'accordo con la Libia.

In conclusione, lo sfruttamento delle riserve gasifere difficilmente avverrà senza un coinvolgimento turco, a conferma della rilevanza di questo attore per il futuro della sicurezza energetica del Bel Paese e del continente.

---

[9] F. ANSELMO; *Verso un'Opec del gas mediterraneo?;* Ispi; 27.01.2020.
[10] A. ZOPPO; *Descalzi (Eni): il gasdotto Eastmed si può fare ma serve l'accordo con la Turchia;* Milano Finanza; 17.05.2023.

Balcani contesi

I Balcani occidentali sono un altro teatro in cui sono evidenti gli interessi di Roma e Ankara. Per quanto riguarda il nostro Paese, siamo legati a questa regione per questioni storiche e culturali – soprattutto con l'Albania – e per la stretta vicinanza geografica. Garantirne la pace e la stabilità è una costante della nostra politica estera dopo le guerre verificatesi negli anni Novanta con la dissoluzione della Jugoslavia. Le tensioni tra le diverse comunità etniche – come in Kosovo – non si sono mai del tutto sopite, per questo si persegue e si incentiva l'integrazione europea di questi Paesi. Attraverso la regione passa anche una delle principali rotte migratorie per l'Europa centro-settentrionale, quella balcanica, e alla stessa sono rivolte crescenti attenzioni da parte degli operatori economici italiani. Nel 2022, l'interscambio commerciale con i Balcani occidentali era pari a 33 miliardi di euro, per un totale di più di 1.500 aziende presenti nella regione e operanti nei settori dell'energia, della moda, dell'edilizia e delle infrastrutture.[11]

L'interesse turco verso quest'area – un tempo parte dell'Impero Ottomano – è giustificato dalla presenza di nutriti gruppi etnici di religione musulmana localizzati in Kosovo, Albania, Macedonia del Nord e Bosnia-Erzegovina. L'azione turca a supporto di essi ha avuto inizio con la dissoluzione della Jugoslavia, fornendo un supporto militare alle fazioni bosgnacche in lotta contro i serbi e partecipando ai bombardamenti contro Belgrado nell'ambito dell'operazione "Forza Alleata" della Nato nel 1999. Oltre agli elementi di *hard power*, la Turchia porta avanti una strategia di *soft power* basata sull'apertura di istituzioni culturali, sull'offerta di borse di studio e sulla promozione della lingua.

In questo campo è intenso il ruolo dell'Agenzia turca di Coordi-

---

11 OSSERVATORIO ECONOMICO MAECI; *Balcani Occidentali;* consultato il 20.09.2023.

namento e Cooperazione (Tika), un dipartimento del governo responsabile della promozione in senso lato del Paese nel mondo e molto attiva nei Balcani per ricordare il glorioso passato comune tramite la ristrutturazione e preservazione di monumenti ed edifici antichi, soprattutto moschee.[12] A Tirana è infatti in costruzione – grazie a fondi turchi – un'enorme moschea che, una volta ultimata, sarà la più grande d'Europa.

Grande rilevanza hanno poi gli accordi di libero scambio[13] e gli investimenti nella regione – oggi quattro volte maggiori rispetto al 2007[14] – grazie ai quali Ankara è sempre più presente in alcuni settori strategici dell'economia di questi Paesi, da quello energetico a quello bancario, fino a quello delle infrastrutture, con la costruzione dell'autostrada che collegherà Belgrado a Sarajevo finanziata in gran parte da capitali turchi. Fattore da non sottovalutare anche il carisma personale da "uomo forte" del presidente Erdogan, confermato capo dello Stato pochi mesi fa in delle elezioni storiche.

In ultimo, per quanto riguarda il settore della difesa, è da sottolineare il recente acquisto da parte del governo di Pristina di cinque droni Bayraktar Tb2 e la volontà di Albania e Serbia di procedere nella medesima direzione, a conferma della sempre maggiore popolarità di questo tipo di sistemi – impiegata anche nel conflitto in Ucraina – e di come il governo di Erdogan l'abbia resa un ulteriore vettore dell'influenza turca nel mondo.

Dunque, anche in questo contesto, Italia e Turchia perseguono obiettivi simili ma con mezzi diversi. Per Roma la vicinanza alla regione impone il mantenimento di stabilità e sicurezza, puntando sia sull'integrazione nell'Unione europea (partecipando, ad esempio, al Processo di Berlino) sia su iniziative di tipo bilaterale, volte a promuovere un'immagine positiva del nostro Paese mediante un

---

[12] D. D'URSO; *Il ruolo degli attori globali nei Balcani Occidentali: proiezione e strumenti tra livello tattico e strategico;* CeSPI; 195/10.2022; pp. 10-11.

[13] Siglati con Macedonia del Nord, Bosnia-Erzegovina, Albania, Montenegro, Serbia e Kosovo.

[14] A. ARONICA; *Ultima provincia, primo caposaldo: gli investimenti turchi nei Balcani occidentali;* Italia Strategic Governance; 2023; p. 4.

intenso impegno diplomatico, eventi culturali, l'insegnamento dell'italiano, progetti di gemellaggio amministrativo e istituzionale (*twinnings*).

D'altra parte, il governo turco è consapevole di non essere in grado di fornire, sul lungo periodo, una prospettiva più attraente rispetto a quella dell'Ue in termini di opportunità economiche e di impiego per i lavoratori della regione, questi sempre più propensi a dirigersi verso il centro e il nord Europa. Inoltre, per la politica estera di Ankara il contesto balcanico ricopre un ruolo più marginale rispetto alla triade Siria-Mediterraneo-Libia, per di più alla luce delle perduranti difficoltà economiche in cui versa la nazione, colpita da una galoppante inflazione che le impone di concentrarsi maggiormente sul fronte interno che su quelli esterni. Lo Stato riesce però a beneficiare di errori e inerzia da parte dei Paesi europei – soprattutto per i ritardi del processo di integrazione nell'Ue – e della stessa Italia, spesso non in grado di elaborare una chiara strategia a lungo termine verso quest'area. È emblematico in questo senso il recente comunicato[15] del ministero della Difesa turco che ha annunciato che Ankara assumerà il comando della missione Kfor in Kosovo al posto dell'Italia a partire da ottobre. Sullo sfondo, quindi, resta il rischio dell'irrilevanza come già successo nel contesto libico.

Verso una progressiva subalternità?

Ciononostante, l'amicizia tra Italia e Turchia resta solida. Non solo per la comune appartenenza all'Alleanza Atlantica ma per la profonda interconnessione delle loro economie. Il nostro Paese è infatti il quinto mercato di destinazione delle esportazioni turche, con un interscambio totale di più di 26 miliardi di euro nel 2022, che per la

---

[15]AGENZIA NOVA; *Kosovo: ministero Difesa turco, assumeremo comando missione Kfor da ottobre;* consultato il 21.09.2023.

Turchia è secondo solo a quello con la Germania.[16] Molto rilevante è il settore degli armamenti, con Ankara principale destinatario dell'export italiano di armi nel 2022, per un valore di quasi 600 milioni di euro.[17] Anche i rapporti diplomatici sono di lunga data e stabili, fatti di frequenti incontri tra i vertici dei due Stati. L'attuale scenario internazionale pone poi sia ulteriori sfide sia nuove possibilità di cooperazione per affrontarle. In primo luogo, la questione migratoria, con Roma interessata alla prosecuzione del processo di stabilizzazione della Libia e a collaborare con Ankara per ridurre l'afflusso di migranti – soprattutto iraniani, pakistani e afghani – che intraprendono la cosiddetta "rotta del Mediterraneo orientale", viaggiando dalle coste turche a quelle pugliesi e calabresi, e quella attraverso i Balcani occidentali, che porta fine a Trieste.

Inoltre, altre intese possono essere perseguite nel settore della sicurezza energetica. Nel Paese anatolico confluisce infatti, tramite una rete di condutture, gas dal Mar Caspio – che arriva fino al Salento con il *Trans Adriatic Pipeline* (Tap) – dalla Russia e dall'Iran che, insieme alle scoperte di nuovi giacimenti vicino Cipro e nel Mar Nero, stanno rendendo in tempi brevi la Turchia un vero e proprio "hub energetico".[18] Nel caso in cui Ankara riuscisse ad estrarre le risorse individuate, il gas potrebbe essere trasportato verso l'Europa non solo mediante gasdotti ma anche via nave come gas naturale liquefatto (Gnl), diventando una nuova risorsa per alcuni Paesi come l'Italia per diversificare ed incrementare le fonti di approvvigionamento, anche in vista del prossimo inverno.

Nonostante questo, analizzando le tendenze di medio e lungo periodo e i diversi "momenti" che attraversano i due Stati, non si può che constatare una progressiva passività e subalternità di

---

[16] ASSOCAMERESTERO; *Le relazioni commerciali tra Italia e Turchia nel 2022*; consultato il 21.09.2023.

[17] CAMERA DEI DEPUTATI; *Relazione sulle operazioni autorizzate e svolte per il controllo dell'esportazione, importazione e transito di materiali di armamento (anno 2022)*; consultato il 22.09.2023.

[18] L. PONTE; *Un nuovo hub energetico nel Mediterraneo: il ruolo della Turchia*; CeSI, 19.01.2023.

Roma nei confronti di Ankara, quest'ultima determinata a sfruttare il contesto attuale che la vede come indispensabile nei suddetti scenari. Il rilancio del Bel Paese potrà avvenire solo dopo aver risolto le contraddizioni di fondo – prima tra tutte la mancanza di una chiara strategia per essere più competitivi e credibili nell'estero vicino – che da anni ne limitano una coerente politica estera.

Nord Africa: l'orizzonte strategico che non vediamo

La sicurezza nazionale italiana passa per Libia e Tunisia. Per contare nella sponda sud serve vedere oltre la crisi migratoria.

Cristina Milanese

«I vicini non si scelgono». In uno dei tanti sagaci aforismi di Giulio Andreotti è racchiusa, se vogliamo, una definizione italiana di geopolitica: conoscere lo spazio in cui si esiste è essenziale per sopravvivere; al meglio, padroneggiarne le coordinate consente di trarne i migliori frutti. Il Nord Africa è il nostro cortile di casa e l'Italia il suo. Probabilmente, però, non guardiamo all'orizzonte da un po', incapaci di interpretare ciò che avviene *lì*, per strutturare un nostro pensiero geopolitico *qui*. In passato tale limite ci è stato "imposto" dal controllo statunitense sul Vecchio continente; al contrario, oggi Roma potrebbe avere uno spazio di manovra più ampio.

Da Sigonella a Gheddafi: l'Italia fuori dall'ombrello americano

Tra gli anni Settanta e Ottanta del secolo scorso, l'Italia della prima Repubblica visse probabilmente il periodo più frizzante e "creativo" nella propria consapevolezza spaziale e geopolitica, con delicati equilibrismi tra interesse nazionale e irritazioni d'Oltreoceano. Cerniera tra i blocchi americano e sovietico sin dall'inizio della Guerra fredda, la Penisola si trovava in uno spazio, quello mediterraneo, cruciale nella strategia a stelle e strisce di allora: tanto il contenimento del nemico comunista, quanto le tensioni tra mondo arabo e Stato di Israele rendevano il *mare nostrum* osservato speciale nelle stanze washingtoniane. L'Italia, terra quasi "galleggiante" su quel mare, era il Paese sotto l'egida statunitense più esposto (forse secondo solo a Israele) alle increspature di quelle acque: i rischi che ne potevano derivare imponevano a Washington di legare a sé la politica (interna ed estera) italiana, fornendole le lenti attraverso cui guardare il mondo.

Nell'ottobre del 1985, però, quei lacci iniziarono ad allentarsi e le lenti *made in Usa* si rigarono. Il dirottamento del 7 ottobre della nave da crociera italiana Achille Lauro da parte di un commando di palestinesi diede il via ad un braccio di ferro senza precedenti tra Italia e Stati Uniti, con Roma che si mosse su sottili fili di rasoio aprendosi agli interlocutori arabi – Yasser Arafat e Abu Abbas *in primis* – contro le direttive statunitensi. Immagine della *hybris* italiana, incarnata dalle figure del presidente del Consiglio Craxi e del ministro degli Esteri Andreotti, fu la notte di Sigonella, con forze italiane e statunitensi ad un passo dall'aprire il fuoco, per quel secco "no" con cui Bettino aveva restituito al mittente americano la richiesta di sottrarre i terroristi alla giustizia italiana.

Uno strappo diplomatico a metà, con cui l'Italia aveva rivendicato una propria autonomia decisionale nel suo spazio geopolitico, il Mediterraneo. Aprirsi agli attori geopolitici delle altre sponde per individuare mutui interessi era fondamentale per disporre del *mare nostrum*, assumendo una postura in equilibrio tra dimensione atlantica ed autonomia nazionale. Ed in qualche modo la cauta apertura al mondo arabo di Giulio Andreotti e di Bettino Craxi, componente cruciale nella partita giocatasi nell'ottobre 1985, si muoveva sulla scorta di tali considerazioni, disegnando le trame dei rapporti italiani con il suo estero vicino, il Nord Africa.

La Libia di Gheddafi, in particolare, fu al centro di questa nuova consapevolezza mediterranea dell'Italia che, in maniera analoga a quanto accaduto a Sigonella, portò talvolta le strade di Roma e Washington su binari diversi. Per il Bel Paese, il *Rais* assicurava una stabilità cruciale nella ex quarta sponda, vitale per salvaguardare i propri interessi energetici ed economici e assicurarsi che le tensioni arabo-israeliane non sbarcassero nella Pensiola: troppo, dunque, per non salvare la pelle a Gheddafi (forse per la seconda volta, viste le tesi sulla Strage di Ustica),[1] avvisandolo per tempo nell'aprile '86 dei bombardamenti americani che lo volevano morto. Appena sei mesi dopo Sigonella, Roma (ancora Craxi) aveva silenziosamente spariglato le carte degli *States*, tanto che c'è chi ha visto una compiacenza americana – i più maligni addirittura una regia – per la distruzione politica di Craxi con Mani Pulite.[2]

Ma se per due volte (o tre?) le "interferenze" *made in Italy* scombussolarono i piani americani, all'occasione successiva gli *States* non permisero un ulteriore ribaltamento delle gerarchie. Il 20 ottobre 2011 Stati Uniti, Francia e Regno Unito - con la benedizione dell'Onu - contribuirono all'uccisione di Muammar Gheddafi, mettendo la parola fine anche al rapporto privilegiato tra Roma e Tripoli - con Parigi, in particolare, interessata a scalzare Eni per la propria Total e a nascondere per sempre sotto al tappeto la collusione francese con il regime libico. Poco potè la rabbia (ma arrendevole accondiscendenza) di Silvio Berlusconi, allora presidente del Consiglio che, con il Trattato di Amicizia e Cooperazione firmato a Bengasi nel 2008, aveva reso ancora più saldi i legami con la Libia, condannando ufficialmente il colonialismo italiano attraverso i risarcimenti pecuniari destinati alla ex quarta sponda e assicurandosi in cambio il "*do ut* non *des*" sui flussi migratori, oltre che l'ingente partecipazione italiana agli affari energetici libici.

Scenari mutati... in peggio o in meglio?

Da quel 20 ottobre del 2011 il caos regna sovrano in Libia, sempre

---

[1] S. Fiori; *Giuliano Amato: "Ustica, il Dc9 fu abbattuto da un missile francese. Macron chieda scusa"*; Repubblica; 02.09.2023.
[2] U. Finetti; *Gli Usa & "Mani pulite"*; Studi Cattolici, n. 742/2022; p. 46.

che di Libia si possa ancora parlare. L'intervento internazionale di allora, unificato sotto l'operazione Nato "Unified Protector" (con un'Italia partecipe, ma riluttante), non ha avuto alcun concreto sviluppo negli obiettivi prefissati - disarmo e creazione di un regime democratico, *in primis*. Ciò che ne è derivato è stato solo un grosso vuoto statuale che ha finito per essere colmato da bande armate, milizie, ribelli e gruppi jihadisti che da allora si contendono il Paese, facendo della Libia un non-Stato.

L'Italia ha fatto poco o niente per tentare di salvare il salvabile, perdendo quella media influenza costruita in Nord Africa durante la *Jamahiriya* di Gheddafi, permettendo ad altre potenze - Turchia, in particolare - di "avanzare" nel panorama politico libico. Errore frutto di un mancato interessamento strutturale verso le dinamiche transfrontaliere, che, se ignorate o non affrontate con costanza, minacciano concretamente la sicurezza nazionale italiana.

Cosa fare oggi? Gli equilibri geostrategici del Mediterraneo meridionale sono cambiati. Un fattore, in particolare, dovrebbe indurre l'Italia a maturare un nuovo pensiero strategico per il Nord Africa: gli americani non nutrono particolare interesse per il continente nero, non hanno una strutturale strategia in materia, complice il loro riposizionamento nell'Indo Pacifico (l'arcinoto *Pivot to Asia*) adoperato nell'era Obama. Si aggiungono la nuova attenzione per l'Europa orientale determinata dalla guerra in Ucraina e il dislocamento di risorse verso il Mediterraneo orientale a sostegno di Israele. Con il nuovo deflagrare della questione arabo-israeliana a partire dal 7 ottobre scorso, inoltre, sarebbe auspicabile per Roma adottare nuovamente "cautele" di stampo craxiano-andreottiano: farsi promotori di un dialogo con il mondo arabo e musulmano è vitale per l'Italia al fine di tenere sotto controllo gli effetti domino che potrebbero investire il Bel Paese, considerando che l'*animus* pro-palestinese ed antioccidentale anima anche le piazze nordafricane.

Un simile contesto, rispetto alle condizioni storiche precedentemente citate, conferisce all'Italia maggiore autonomia e potere nel disegnare una tattica per il proprio spazio geopolitico; al contempo, tuttavia, è evidente che proprio il disinteresse americano verso il Nord Africa protrattosi negli anni è la fonte dei rischi con cui Roma dovrebbe necessariamente fare i conti a fronte di un maggiore impegno. I *magna exempla* utili ad un'analisi delle due facce di questa medaglia sono Libia e Tunisia.

In Libia Roma deve affiancarsi ad Ankara

Nel non-stato libico la presenza americana è pressoché nulla: l'assenza di *boots on the ground* sia militari che diplomatici - vista la chiusura nel 2014 dell'ambasciata americana a Tripoli - impedisce a Washington di comprendere le dinamiche libiche e dunque creare fiducia - se non influenza - negli organi locali. Una azione proattiva dell'Italia si rende necessaria, dunque, per la sicurezza nazionale: gli imperativi tattici impongono di spostare il più in là possibile i confini di difesa, attraverso un'influenza geopolitica tale da incidere nelle dinamiche politiche libiche e preparare delle condizioni di reciproca fiducia. La questione migratoria è l'unico aspetto che preoccupa le classi dirigenti italiane ed europee, quando invece è la punta di un iceberg che nasconde gli errori di un approccio superficiale agli scenari nordafricani, nell'incapacità di comprenderli e dunque elaborare strutturali strategie.

La bicefalia politica che caratterizza la Libia, con il Governo di Unità Nazionale (Gna) nella Tripolitania e il Governo di Stabilità Nazionale (Gns) nella Cirenaica, ha costituito un terreno fertile per il proliferare delle influenze di diversi attori, che, a seconda dei propri interessi geostrategici e spesso in funzione di reciproca opposizione, sostengono l'uno o l'altro governo. In questo *risiko*, l'Italia ad oggi deve fare i conti con il protagonismo di Turchia e Russia, l'una al fianco del Gna e l'altra a sostegno del Gns.

Ankara si è di fatto sostituita all'influenza italiana nella Tripolitania attraverso un approccio pragmatico fatto in particolare di assistenza militare (forniture di armi, droni *Bayraktar*, addestramento di forze armate ed invio di mercenari siriani, circa 5mila secondo le stime), che nel 2020 ha contribuito in maniera a dir poco decisiva a salvare il governo di Tripoli dal tentato colpo di mano del generale Khalifa Haftar, gettando le basi per il cessate il fuoco proclamato nello stesso anno dall'Onu. Un ruolo, quello che la Turchia si è ritagliata in Libia, che corrobora il suo progetto di potenza marittima dall'altisonante nome di "Patria Blu", effettivamente in grado di creare una solida "amicizia" con Tripoli, come evidenziato da alcune esercitazioni navali congiunte[3] e dalla convergenza (strategica soprattutto per Ankara) in materia di territorializzazione del Mediterraneo orientale[4]. Affiancarsi in maniera più incisiva all'influenza turca in Libia sarebbe negli interessi italiani per due motivi. Innanzitutto, Roma e Ankara si trovano già dalla stessa parte nel sostenere il governo di Tripoli.

In seconda battuta, l'Italia deve tener d'occhio gli obiettivi del protagonismo turco in Libia, dunque mostrarsi più attiva anche agli occhi di Ankara potrebbe permettere di elaborare delle strategie dagli obiettivi condivisi, al fine di salvaguardare gli interessi nazionali, provando a non cedere al Lupo turco ancora più spazio rispetto a quanto non sia già stato concesso. In tal senso, segnali positivi sono arrivati a luglio 2023, con un incontro a margine del summit Nato a Vilnius tra la presidente del Consiglio italiana Meloni e il presidente turco Recep Erdogan, durante il quale si è discusso del

---

[3] Agenzia Nova; *Libia e Turchia svolgono un'esercitazione navale congiunta nel Mediterraneo*; 30.09.2022.
[4] Nazioni Unite; *Memorandum of understanding between the government of the Republic of Turkey and the government of national accord-state of Libya on delimitation of the maritime jurisdiction areas in the Mediterranean*; 2019.

mutuo interesse a rafforzare l'impegno nella sponda sud del Mediterraneo.

Concretamente, il ruolo che l'Italia deve avere nella stabilizzazione della Libia passa dall'implementazione delle operazioni di formazione e addestramento già in atto con la propria missione Miasit, da una più massiccia presenza navale militare in prossimità delle coste libiche e dal corroboramento delle attività italiane di *intelligence*, essenziali per un miglioramento degli apparati di sicurezza libici - e, dunque, delle istituzioni locali - con un'attenzione particolare all'infiltrazione di gruppi armati nei palazzi del potere. Sino al 2022, come si legge in una relazione presente sul sito del Senato della Repubblica, il contingente italiano in Libia ha contato 400 unità, 69 mezzi terrestri e due aerei.[5]

Altrettanto importante è ritagliarsi un ruolo di primo piano nelle relazioni economiche, con un approccio che, al di là dell'approvvigionamento energetico già ampliato da Meloni con il cosiddetto "Piano Mattei per l'Africa", dovrebbe contemplare anche la realizzazione di infrastrutture, scuole e università, come strumento di *soft power* e di cooperazione allo sviluppo. Inoltre, è fondamentale intrattenere canali di dialogo tanto con il governo di Tripoli, quanto con quello di Tobruk, in quanto, al fine di una soluzione politica alla divisione del Paese, è necessario recepire le dinamiche e gli interessi di ambo le parti.

Tenere alta l'attenzione sulla Cirenaica permetterebbe di capire i nessi di causalità dietro ai principali fenomeni libici e proteggere gli interessi italiani nella Libia dell'est, a partire dalla presenza di Eni ad Abu Attifel. Progetti di "destabilizzazione strategica" in Cirenaica derivano in maniera decisiva dalla presenza nella regione del gruppo Wagner, che, con le proprie operazioni militari, minerarie, di supporto securitario alle milizie libiche e di traffici illegali

---

[5] SENATO DELLA REPUBBLICA; *Relazione analitica sulle missioni internazionali in corso e sullo stato degli interventi di cooperazione allo sviluppo a sostegno dei processi di pace e di stabilizzazione;* 03.05.2023.

di esseri umani, agisce in maniera mirata in continuità con le numerose attività condotte nel resto del continente africano (vedasi Niger, Mali, Sudan, Burkina Faso). A conferma di questo, un dato inequivocabile: tra il 2018 ed il 2022 la Russia è stato il primo fornitore di armi dell'Africa, con il 40% del totale import di armi del continente nero gestito da Mosca.

A seguito della morte di Evgeny Prigozhin l'ipotesi che ad avere un controllo più permeante sulle azioni dei mercenari nel Nord Africa (e nel resto del continente) saranno gli apparati della Difesa del Cremlino dovrebbe indurre l'Italia e l'Ue tutta a considerare che piani di destabilizzazione più massicci possano essere orditi da Mosca come contromisura al supporto dell'Europa all'Ucraina. L'aumento dei flussi migratori registratosi negli ultimi mesi[6] è un'avvisaglia della leva che il Cremlino potrebbe trovarsi tra le mani. Un altro campanello d'allarme è costituito dall'intenzione russa di aprire una base navale russa in Libia, progetto probabilmente discusso nell'incontro tra Haftar e Putin tenutosi a Mosca a fine settembre.

È evidente che dinanzi alla "diplomazia armata" russa in Nord Africa l'Italia da sola può far poco: anche in questo caso, dunque, una cooperazione con la Turchia può rivelarsi proficua, dati i più stretti rapporti diplomatici tra Ankara e Mosca.

Cosa succede in Tunisia

Analogamente alla Libia, la Tunisia costituisce una delle principali preoccupazioni nordafricane per l'Italia: l'instabilità che caratterizza lo Stato magrebino trova il suo primo riverbero sulla Penisola nei flussi migratori. Attualmente Tunisi è il terzo Paese per numero

---

6 Ministero dell'interno; *Cruscotto statistico del 28 settembre 2023*; sezione "Sbarchi e accoglienza dei migranti: tutti i dati"; consultato il 29.09.2023.

di migranti che raggiungono le coste italiane attraverso il mare, con numeri sensibilmente aumentati negli ultimi anni: dalle 2654 persone sbarcate nel 2018 si è passati ai circa 16mila del 2021;[7] mentre da gennaio a settembre 2023 le cifre registrano circa 14mila migranti.

La questione migratoria, tuttavia, è solo l'effetto di un quadro più complesso che ci interessa da vicino: il Paese è piegato da una grave crisi economica, con un rendimento obbligazionario (la differenza tra prestito e rimborso dello stesso) del 27,9%, che fa della Tunisia il Paese con il costo del denaro più alto in Africa.

Le condizioni finanziarie al limite del *default* hanno destato negli scorsi mesi l'attenzione dell'Ue. In particolare, il governo italiano, preoccupato che la Penisola, a soli 145 chilometri dalla Tunisia, possa essere investito per prima dalle "imprevedibili" conseguenze di un collasso definitivo del Paese magrebino, ha ottenuto con la propria mediazione la firma a luglio 2023 di un Memorandum d'intesa tra Tunisi e l'Ue da 255 milioni di euro, di cui 100 per operazioni di controllo delle frontiere.[8] All'epoca, una piccola bandierina di Meloni in ambito europeo e internazionale, vista la sua storica battaglia sul rapporto tra controllo dell'immigrazione ed Unione Europea, *in primis*; e considerate le difficoltà da parte del governo tunisino ad ottenere finanziamenti dal Fondo Monetario Internazionale, *in secundis*.

Tuttavia, i soldi non durano in eterno e se addirittura faticano ad arrivare a destinazione, la situazione si complica: solo a fine settembre 2023 la Commissione Europea ha sbloccato parte dell'esborso previsto dal Memorandum per la questione migratoria (42 milioni sui 100 previsti) e tale decisione ha provocato la reazione del presidente tunisino Kais Saied, il quale, in un comunicato dello

---

7 B.J. MARWENE; *The Italian Role in Mediating European-Tunisian Relations: Migration and Financial Aid*; Politics Today; 19.07.2023.

8 *Firmato a Tunisi il memorandum d'intesa tra Tunisia e Ue, Meloni: "Compiuto passo molto importante"*; Rai News; 16.07.2023.

scorso 3 ottobre, ha messo per iscritto l'intenzione di rifiutare i fondi europei «perché la proposta contraddice il Memorandum d'intesa firmato a Tunisi nello spirito che ha prevalso alla conferenza di Roma dello scorso luglio».[9]

È evidente che simili azioni sottendono ulteriori pressioni in formula di implicito ricatto: per Stati come la Tunisia che fanno della questione migratoria una leva negoziale per ottenere finanziamenti, la minaccia di un dietrofront rispetto ad accordi presi in tal senso contiene (non troppo) velate richieste di ulteriori denari. Ragion per cui un approccio di sola erogazione da parte dell'Ue non può andare bene, specie se si ha a che fare con un sistema di governo, come quello di Saied, fortemente centralizzato, la cui amministrazione dei fondi ricevuti potrebbe facilmente dirottare gli stessi su fini diversi rispetto a quelli concordati attraverso memorandum e intese simili.

Ritagliarsi un ruolo nella questione Tunisia, dunque, potrebbe risultare per l'Italia paradossalmente più problematico rispetto al contesto libico: se lo "scatolone di sabbia" , con i suoi plurimi elementi di fragilità (leadership incluse), permette di individuare dei punti di intervento ed elaborare diversi scenari di cooperazione (e dunque di influenza), l'approccio di esclusivo sostegno economico a Tunisi, specie se non pensato in relazione a obiettivi di lungo periodo, può risolversi in un nulla di fatto dal punto di vista geopolitico. Anche perché, contrariamente alla vitale necessità da parte dei due governi libici di trovare la sponda di altre potenze straniere, il presidente tunisino Saied ha lasciato intendere in diverse occasioni (le dichiarazioni di ottobre, in ultimo) di essere diffidente dalle azioni di attori esteri (occidentali, in particolare). Un atteggiamento di non allineamento che potrebbe assumere lineamenti antioccidentali, visto l'interesse tunisino per i Brics, l'alleanza-non-alleanza con

---

[9] L. Martinelli; *Tunisia, il presidente Saied rifiuta fondi Ue: "Non accettiamo carità"*; Repubblica; 03.10.2023.

Cina e Russia, testimoniato dalla partecipazione al vertice di Johannesburg lo scorso agosto.

È difficile dire quali possano essere nello specifico le materie di una relazione strategica con la Tunisia: la questione energetica potrebbe essere un punto di partenza perché l'Italia possa accreditarsi presso il Paese magrebino, attraverso investimenti in partenariati pubblico-privati mirati e più sicuri che creino realmente opportunità di lavoro e di sviluppo per il Paese nordafricano. Tunisi vuole rendersi indipendente dalle forniture energetiche estere, investendo su fonti rinnovabili e la possibilità di avere un *hub* energetico vicino casa ha effettivamente destato l'attenzione di Roma.

Il progetto più interessante che coinvolge l'Italia è la posa del cavo marino Elmed, prima interconnessione in corrente continua tra Europa e Africa, che collegherà la stazione elettrica di Partanna, in Sicilia, e quella di Mlaabi, nella penisola tunisina di Capo Bon, grazie alla partnership tra l'azienda italiana Terna e la tunisina Steg. A rendere l'opera ancora più importante per i due Paesi, la realizzazione da parte di Eni e Steg di una centrale fotovoltaica nella città tunisina di Tataouine, che fornirà 20 gigawatt ora all'anno alla rete elettrica tunisina.

Meglio tardi che mai

L'interesse italiano per il Nord Africa non deve essere mosso da esclusive considerazioni sui flussi migratori: così facendo si rischia di assumere un approccio superficiale e poco efficace agli scenari nordafricani, in quanto ci si concentra su ciò che è "visibile", incapaci di squarciare quel velo di Maya che nasconde la vera realtà delle cose. Il nocciolo della questione è, infatti, un altro: l'assenza di una piccola-media influenza italiana nelle dinamiche geopolitiche d'oltre sponda lascia spazio ad altri attori. Immaginare bonariamente che tutti i Paesi a noi vicini ci vedano come "amici" è un vizio di pigrizia strategica che può rivelarsi assai pericoloso. Allo stesso tempo, infatti, la percezione che la Penisola sia tendenzialmente inerme nel suo cortile di casa può costituire un assist per gli altri attori che solcano le acque del Mediterraneo allargato.

Strategicamente parlando, infatti, il Nord Africa è geograficamente una testa di ponte verso lo Stivale: non è esercizio di immaginazione pensare che, se un attore volesse minacciare la Penisola, lo farebbe proprio a partire dalle coste nordafricane, assicurandosi un controllo strategico propedeutico a mettere con le spalle al muro l'Italia. Prova ne è lo Sbarco in Sicilia delle truppe alleate del luglio 1943, concretizzatosi solo dopo che inglesi e americani ebbero smantellato l'asse italo-tedesco sul fronte nordafricano, facendo di quest'ultimo un comodo trampolino di lancio verso la penisola italiana. Ma anche senza ipotizzare atti bellici, che ad oggi possono suonare remoti o addirittura ridicoli, la presenza massiccia di altre potenze in Nord Africa, e dunque nel Mediterraneo, può tenere l'Italia sotto scacco anche senza muovere armi, influenzandone decisioni e comportamenti a proprio favore.

La crescente assertività dell'Algeria, anche questo partner fondamentale per Roma, rappresenta allo stesso modo una potenziale minaccia, come dimostra la questione della Zona economica esclusiva "contesa". Questione che nemmeno gli ultimi positivi sviluppi delle relazioni italo-alegerine hanno definitivamente risolto. Recuperare terreno, dunque, è una necessità vitale per l'Italia. Nell'elaborazione di una propria tattica per il Nord Africa, essa deve inoltre stabilire uno spazio di manovra primario nel concerto dei partner europei, sfruttando anche la crisi del ruolo francese nel continente africano, per farsi leader di un approccio non predatorio, ma originale, diverso rispetto a quello che gli africani imputano a Parigi. In formula, interpretare le necessità del Nord Africa per creare opportunità per l'Italia.

Oltre il Sahara: come l'Italia può ripartire dall'Africa

Il Piano Mattei deve aprire un nuovo capitolo di storia italiana nel continente. Roma si deve fare ponte per raggiungere le crude realtà dell'Africa tropicale.

Giulio Caravaggio

Nell'intervento all'Assemblea generale delle Nazioni Unite tenutasi a New York il 22 settembre, il presidente del Consiglio Giorgia Meloni ha avuto modo di dissigillare il prossimo corso geopolitico italiano davanti alle rappresentanze politiche dell'intero globo.[1] La nuova stagione di politica estera di Roma si concentrerà sul continente africano e, benché questo fosse ampiamente noto, l'orazione alle Nazioni Unite avvolge la strategia italiana dell'ufficialità degna dei migliori manifesti. Investimenti nei settori strategici (come energia e infrastrutture), un equo accesso al credito internazionale e la trasformazione sostenibile dei sistemi agroalimentari saranno tra i temi promossi durante la prossima presidenza italiana al G7, nell'ottica di trasformazione del continente nella «priorità di politica estera» di Roma.

Il rinnovato (a tratti persino inedito) interesse per l'Africa ha in sé una intrinseca dimensione geopolitica, ben condensata nelle parole del ministro degli Esteri Antonio Tajani: «L'Italia è ponte naturale tra Europa e Africa».[2] La geografia italiana è completamente abbracciata dal concetto di "ponte", e ne riflette politicamente gli obiettivi. L'Italia è un Paese misero di risorse e orograficamente isolato dal resto d'Europa dal massiccio alpino. Ciò ne ha sempre condizionato la politica estera, orientata piuttosto nel controllo delle frontiere marittime. La propensione a fendere le onde mediterranee non può restare relegata a delle tenui pagine di storia, tantomeno oggi, in un mondo che ha riscoperto la competizione internazionale. Mai come ora è necessario comprendere e decidere cosa debba

---

[1] Presidenza del Consiglio dei Ministri; *Intervento del Presidente Meloni alla 78ma Assemblea Generale delle Nazioni Unite*; 20.09.2023.
[2] Maeci; *Messaggio del Ministro Antonio Tajani per la Giornata dell'Africa 2023*; 25.05.2023.

passare per il "ponte" e cosa no.

Il già annunciato "Piano Mattei" dovrà occuparsi di definire strumenti e metodi per vincere le due grandi sfide della geografia italiana: l'accesso indipendente alle risorse energetiche e la difesa dei confini nel Mar Mediterraneo. Esamineremo i dossier elencati da Giorgia Meloni a New York che, ci si aspetta, saranno raccolti in un importante documento strategico che delineerà la politica estera italiana dei prossimi decenni.

La storia d'Italia oltre il Sahara

Per quanto lodevole possa apparire la promessa italiana a spendersi per l'intero continente, Roma ha bisogno di ben inquadrare i propri interessi strategici e distinguerli da progetti di sviluppo e cooperazione in altri contesti. Per meglio individuarne le aree di interesse è tornato in voga il concetto di "Mediterraneo allargato", ampio teatro geopolitico che si estende dalle Canarie al Caspio in direzione longitudinale, e dall'Europa continentale all'Africa centrale sull'asse nord-sud.

Senza ridurre il peso che Paesi come Libia, Algeria e Egitto ricoprono per l'Italia, il Piano Mattei e la strategia italiana ad esso correlata hanno anche la necessità di esplorare le opportunità offerte da regioni come il Corno d'Africa e il Sahel.

Dopotutto, l'Italia ha già radici piantate nel continente. Nello specifico, il Corno d'Africa è stato il protagonista dell'espansione coloniale italiana dalla fine del XIX secolo al 1960, quando la Somalia si rese indipendente. A differenza di quelle francese e (soprattutto) inglese, essa non è stata dettata da un reale bisogno di profondità economica e di controllo delle rotte commerciali. L'Italia guardò all'espansione coloniale come ad uno strumento per ottenere maggiore peso nel concerto europeo, quando Roma ambiva a dimostrarsi potenza a tutti gli effetti.

Il primo tentativo riuscito di insediarsi oltre i confini europei si concretizzò nel 1882, quando l'allora Regno d'Italia acquistò dalla società genovese Rubattino la baia di Assab, sul Mar Rosso. Consolidato il controllo di quella che divenne poi colonia eritrea, le mire della Penisola si spostarono verso i porti somali, preziosi snodi marittimi per la navigazione nell'Oceano Indiano. La penetrazione italiana in Somalia fu perseguita tramite la stipula di trattati con i sultanati locali, sotto forma di protettorati. La loro definitiva occupazione avverrà solo nel 1925.

Di diversa intensità fu la conquista dell'Impero etiope. A seguito della disfatta di Adua (1896), l'Italia ridimensionò le proprie mire sui territori del Negus, fin quando l'ascesa al potere del fascismo non riaccese l'interesse per le imprese coloniali. Il 5 maggio 1936 l'esercito italiano entrava ad Addis Abeba, dopo sette mesi di intensi scontri, ma i territori, riorganizzati nella cosiddetta Africa orientale italiana, furono presto persi nel corso del secondo conflitto mondiale. Tramontati i sogni imperiali, l'Italia non vide però terminare subito la propria presenza nell'area, poiché le Nazioni Unite le affidarono un mandato di natura transitoria sulla Somalia, scaduto solo nel 1960. Un'esperienza spesso considerata effimera, ma ricolma di significato, utile oggi ad orientare le prospettive strategiche italiane nella regione.

La prematura dipartita dal continente ha consentito all'Italia un ampio spazio di manovra durante la cosiddetta "decolonizzazione" dell'Africa, tra il 1950 e il 1975. Nel periodo in questione, le potenze europee (Francia, Regno Unito, Portogallo, Spagna, Belgio) hanno progressivamente concesso l'indipendenza alle ormai anacronistiche amministrazioni coloniali dei Paesi africani. L'Italia, non direttamente interessata dal fenomeno, ha potuto appropriarsi di spazi commerciali, precedentemente appannaggio delle sole Londra e Parigi.

Tale processo fu diligentemente guidato da Enrico Mattei, direttore generale dell'Ente Nazionale Idrocarburi, che con la sua politica energetica sfidò la compattezza delle Sette sorelle operanti nel settore petrolifero, contribuendo significativamente al miracolo economico italiano del secondo dopoguerra. In suo onore, il Piano

Mattei si promette di innalzare l'Italia a partner privilegiato dei Paesi africani.

Non perdiamo di vista l'Africa

La fortunata congiunzione assunta dal Bel Paese in epoca postcoloniale riceve attestati di stima da parte di molti diretti interessati. In un intervento all'Assemblea generale dell'Onu del 1980, il ministro degli Esteri e futuro presidente del Mozambico, Joaquim Chissano, affermò che «gli Italiani si mettono sullo stesso tavolo degli Africani» quando ci si confronta. A dimostrazione della genesi di una retorica favorevole alla politica estera di Roma, almeno a sud del Sahara. Condizione privilegiata rispetto all'increscioso *trend* continentale che vede spopolare movimenti antifrancesi e antiamericani, alimentati dalla retorica della "fine del neocolonialismo".

Una lieve apertura, quella africana, che però non si sposa pienamente con l'approccio italiano. Secondo la Banca mondiale, l'Africa subsahariana ha rappresentato solo l'1,43% delle importazioni e l'1,15% delle esportazioni per Roma.[3] Numeri non proprio felici se si considerano i legami storici tra l'Italia e il continente. Eppure, la tendenza resta positiva rispetto ai più miseri bilanci del primo decennio del XXI secolo. Il rinnovato interesse per l'Africa, economico e strategico, nasce con i governi Renzi e Gentiloni e riflette la necessità italiana di esplorare altri lidi a seguito della disastrosa crisi del suo debito sovrano.

Il cambio di paradigma è totale, e non accenna a concludersi. Nel decennio 2013-2023 le rappresentanze Ice nel continente, ovvero delle agenzie per la promozione delle imprese italiane all'estero, sono aumentate da una a otto, segno della crescente attenzione nei confronti degli scambi commerciali con l'Africa. I maggiori con-

---

[3] World Integrated Trade Solution; *Italy Product Exports to Sub-Saharan Africa 2021*; consultato il 25.09.2023.

sorzi industriali italiani a sud del Sahara mantengono buoni rapporti con i governi locali e contribuiscono, anche significativamente, allo sviluppo locale.

La presenza dell'Italia nel continente non si limita al solo ambito economico, ma è espressa in modo significativo anche dalle operazioni militari. Il Bel Paese partecipa a diverse missioni militari e di polizia sul suolo africano. Tra queste, bilaterali come Miadit (Somalia), Bmis (Gibuti), Misin (Niger), ed europee come Eucap Somalia, Eutm Somalia, Eunavfor Somalia, Eucap Sahel, Eumpm Niger. Attualmente, nell'Africa sub-sahariana sono presenti circa settecento unità delle forze armate italiane, senza contare il personale impiegato nelle missioni navali nel Golfo di Guinea e nell'Operazione Atalanta in Somalia.

Il Sahel, la frontiera meridionale d'Europa

I recenti stravolgimenti dello scenario politico in Mali, Burkina Faso e Niger hanno portato la comunità internazionale a rivolgere la propria attenzione su uno dei teatri geopolitici più importanti del XXI secolo: il Sahel. Si tratta di una regione geografica estesa tra il deserto del Sahara a nord e la savana sudanese a sud. Definita "la frontiera meridionale dell'Europa", la stabilizzazione della regione è fondamentale per Roma, prima che per Bruxelles. Da qui passano le maggiori rotte migratorie dirette verso il Mediterraneo: ogni anno centinaia di migliaia di africani investono parti consistenti dei loro averi per affrontare le malagevoli vie del deserto sahariano, spinti dall'incertezza del futuro nei loro Paesi natali. L'ondata di colpi di Stato che ha coinvolto la regione negli ultimi tre anni ha contribuito a destabilizzare l'area, che ha visto il dilagare di gruppi terroristici, nonché del traffico di esseri umani.

In particolare, la crisi nigerina solleva oggi i maggiori interrogativi. Niamey era considerato dagli occidentali come il pilastro su cui fondare la propria politica regionale, specialmente nel campo delle operazioni antiterrorismo. L'ascesa del generale Abdourahmane Tchiani ha precluso al Niger l'ordinario accesso agli investimenti esteri, ma non ha del tutto eradicato la presenza militare straniera nel Paese. Il governo golpista ha infatti imposto alle truppe francesi di lasciare il territorio nigerino, ma non ha intimato agli Stati Uniti di fare altrettanto. Washington ha dimostrato di poter gestire pragmaticamente la crisi, tutelando i propri interessi strategici. Nonostante alcuni infruttuosi colloqui a pochi giorni dal golpe, la base di sorveglianza di droni statunitensi in Niger è tornata operativa.

Un perfetto esempio di *realpolitik*, da cui Roma avrebbe di che imparare. Per quanto sia maggiormente coinvolta nella questione nigerina, avendo da tempo ottimi rapporti con Bazoum e il suo partito Pnds, l'Italia non è nella caduca posizione di Parigi, strozzata dal sentimento antifrancese nigerino, figlio del passato coloniale.

L'organizzazione regionale Ecowas non pare in grado di avanzare nuovi tentativi per ristabilire l'ordine costituzionale nel Paese. La postura morbida di Washington e l'arrendevolezza di Parigi privano il gruppo dell'essenziale supporto aereo, logistico e d'intelligence per sfidare il pur fragile esercito nigerino. L'Italia, che ha nel Paese interessi ben più considerevoli di Washington, ha la necessità di agire in modo pragmatico.

Le crisi politiche nel Sahel originano da un intrinseco bisogno delle élite africane di dialogare da pari a pari con gli Stati sviluppati. Questo significa, però, anche dialogare con partner non inquadrati nello schema liberal-democratico, e presentarsi come Paese dagli interessi complementari a quelli africani.

Ciò non deve significare riconoscere o legittimare la giunta al potere, ma constatare la mutata realtà regionale. Ad esempio, il Niger ha in Agadez il più importante snodo per il traffico di migranti. Collaborare con il governo di Tchiani significherebbe porre le basi per la piena attuazione della legge 35 del 2015 che, criminalizzando l'intera tratta di esseri umani nel proprio territorio, permise al Niger di ridurre del 95%[4] l'affluenza al confine settentrionale libico, dove attualmente transita il 20% dei migranti diretto verso Tripoli.

Italia: quale orizzonte per il Sahel?

Oltre ad essere un prominente crocevia migratorio, il Niger era stato recentemente scelto come *hub* energetico della regione, ospitando l'incompleto oleodotto Benin-Niger e rappresentando un cruciale punto di passaggio per l'annoso progetto del gasdotto trans-sahariano, che collegherebbe la Nigeria a Hassi R'Mel, in Algeria. La sicurezza energetica, pilastro del Piano Mattei, non può significare solo un maggiore attivismo diplomatico. È anzi sinonimo di protezione degli snodi logistici più importanti, come i terminal petroliferi di Bonny e Forcados, dove Eni investì 187 milioni di euro negli anni Novanta, e dove l'Italia è presente con le sue compagnie private come la Intels, leader nel settore della logistica portuale e petrolifera *offshore*.

Mancano tuttavia iniziative per proteggere le reti infrastrutturali energetiche nella regione. Le missioni navali multilaterali come Atalanta sono utili al contrasto della pirateria, ultimo tassello di un sistema di corruzione, sfruttamento del suolo e violenze settarie. La sicurezza energetica italiana andrebbe conseguita tramite il mutamento delle politiche di cooperazione e il dispiegamento di piccoli contingenti a protezione degli *hotspot*, previo accordo con gli Stati partner.

In ambito strategico, Roma può sfruttare il vuoto geopolitico lasciato da Parigi nel Sahel. Il ministro degli Esteri Tajani ha ben esemplificato la postura italiana nella gestione della crisi nigerina, affermando che «l'Europa (leggasi Italia) non può permettersi un

---

[4] EUROPEAN PARLIAMENT; *European Parliament President Antonio Tajani concludes visit to Niger: calls for more EU resources and investment to support control of migratory flows in Niger and Sahel*; 18.07.2018.

confronto armato, non dobbiamo essere visti come dei nuovi colonizzatori».[5] Per evitare che il solo apporto economico alimenti la retorica anticolonialista, la strada da percorrere ha altre due corsie: una diplomatica e una culturale. Assistiamo infatti all'apertura di nuovi canali diplomatici in Mauritania, Ciad, Benin e Togo e all'aumento dei compiti e del numero del personale impiegato nelle già presenti ambasciate di Niger, Mali, Burkina Faso e Nigeria.

Sul fronte culturale, sarebbero auspicabili investimenti per finanziare programmi e scambi culturali, specialmente per formare l'élite politica della regione. Il Sahel è tristemente noto per essere l'area meno alfabetizzata del globo. Tra i paesi del G5 Sahel, solo la Mauritania ha un tasso di alfabetizzazione superiore al 50%, mentre il Niger è fanalino di coda delle tabelle con un misero 19,1%.[6] Radicare ora una decisa cultura scolastica è prioritario, dato il futuro ruolo che l'Italia si prefigge di svolgere nella regione. La formazione di giovani studenti in Italia tramite programmi *ad hoc*, su modello della Tika[7] turca, porterebbe giovamento ad entrambe le parti: l'Italia vedrebbe rafforzato il proprio *soft power*, mentre i popoli saheliani avrebbero occasione di valorizzare seriamente il vasto capitale umano a disposizione.

Il Corno d'Africa non fa più rumore

Per anni area di prioritario interesse, il Corno d'Africa oggi si può considerare ai margini delle ambizioni italiane nel continente. Il cambio di paradigma non è una colpa, bensì frutto anche del moderno assetto regionale. L'Etiopia è assurta come modello di cre-

---

[5] *Russia e Wagner nuovi colonizzatori sull'Africa adesso l'Ue cambi rotta;* La Stampa; 07.08.2023.

[6] WORLD BANK; *Literacy rate - Adult total;* consultato il 25.09.2023.

[7] La "Turkish Cooperation and Coordination Agency" (Tika) è un dipartimento governativo subordinato al ministero della Cultura e del Turismo. Concentrandosi sulla cooperazione allo sviluppo, opera in più di 150 Paesi.

scita nell'area grazie alla favorevole apertura ad investitori internazionali, ad una costante lotta alla corruzione e all'accesso a prestiti a tasso agevolato dalla Cina. Ascesa che ha portato Addis Abeba a sognarsi regina d'Africa, forte dell'assenza di attori di peso intorno a sé e fiera di ospitare il quartier generale dell'Unione Africana. L'Italia, ex potenza coloniale, non è particolarmente invisa, e continua ad operare con grande prestanza in terra etiope. La presenza italiana nel fu Impero di Hailé Selassié è prevalentemente guidata da consorzi privati. Il sostegno infrastrutturale è alla base dell'influenza della Penisola in Etiopia, come per il resto della regione.

Un esempio: il fiore all'occhiello dell'ultimo decennio di politica etiope, la diga Gerd (Grand Ethiopian Renaissance Dam), è stata appaltata dalla società italiana Salini Costruttori, principale contraente di altre grandi dighe come Gilgel Gibe II (Italia ha partecipato al finanziamento con 220 milioni di euro),[8] Gilgel Gibe III e Tana Beles. Negli ultimi anni prima della guerra del Tigrè (2020-22) si era assistito ad un consistente aumento degli investimenti italiani nella regione, specie nei settori dell'agroalimentare e della lavorazione del pellame. L'Etiopia presenta, inoltre, uno dei più virtuosi esempi di valorizzazione del capitale umano indigeno da parte delle nostre aziende: TechPro2, ad esempio, è un programma di formazione tecnica di operatori commerciali locali finanziato da Cnh Industrial, con centro ad Addis Abeba.

Nonostante un non raro attivismo per l'eradicazione del fenomeno migratorio nella regione, l'Italia spreca il capitale storico a propria disposizione nella gestione dei flussi dal Corno d'Africa. La maggior parte degli africani che partono dalla regione sono infatti solo di passaggio verso le più ambite mete nordeuropee, dove negli anni sono sorte importanti comunità straniere. La passata influenza italiana in Corno d'Africa, se fosse stata supportata da politiche adeguate, avrebbe potuto facilitare la genesi di un nucleo migratorio (più o meno) unito e compatto, una prospettiva allettante per un Paese che affronta da anni difficoltà nella gestione dei diversi

---

8 CENTRO MILITARE DI STUDI STRATEGICI; *Osservatorio Strategico*, n.2/2020, p. 50.

gruppi etnico-culturali che giungono sul proprio territorio.

La Somalia, vessata da quarant'anni di guerre civili, osserva inerme l'esodo di decine migliaia di migranti verso l'Europa. Ad oggi, Mogadiscio controlla meno del 70% del proprio territorio, dove continuano gli scontri con i jihadisti di al-Shabaab e le milizie dell'autoproclamata Repubblica del Somaliland.

La recente offensiva governativa che ha condotto alla liberazione di alcune aree meridionali controllate da al-Shabaab ha riportato in auge colloqui per la ricostruzione del Paese, tanto che il Fondo Monetario Internazionale sarebbe pronto a farsene carico completamente. La ricostruzione di Somalia ed Etiopia è stata al centro anche del *meeting* di aprile tra il primo ministro Meloni, il presidente etiope Abiy Ahmed e il presidente somalo Hassan Sheikh, durante il quale le parti hanno anche concordato di lavorare fianco a fianco per la stabilizzazione della Somalia.

L'Italia è presente militarmente in Somalia come parte di missioni di addestramento delle forze di polizia (Eutm, Miadit) e di contrasto alla pirateria al largo delle coste africane. Riguardo a queste ultime, l'operazione navale "Atalanta" è la più importante in termini di personale e mezzi impiegati, nonostante abbia spesso riscosso successi parziali nella protezione delle imbarcazioni naviganti gli orli del cruciale collo di bottiglia di Bab el-Mandeb (dove transita il 40% del petrolio globale). L'Italia è impegnata direttamente nella sicurezza dello strategico stretto, come certifica la presenza della Base militare nazionale di supporto a Gibuti, ospitante fino a 300 unità.

In Somalia, Ankara sfida Roma

Nonostante la forte presenza italiana in Somalia a cavallo tra il XIX e il XX secolo, nel nuovo millennio è emerso prepotentemente un altro attore a Mogadiscio: la Turchia. Ankara ha cementato la propria posizione in Somalia a partire dal 2011, quando Recep Tayyip

Erdogan vi si recò in visita per la prima volta. In seguito, ebbe un clamoroso eco l'annuncio di aprire a Mogadiscio la più grande ambasciata turca del mondo. A corredo, la costruzione della maggiore base all'estero, Camp Turksom, sempre nella capitale somala. L'interesse degli eredi di Osman per la regione ruota intorno alla riduzione dell'influenza del blocco arabo-egiziano, e al consolidamento turco sul suolo africano, appendice della dottrina della "Patria Blu". Una circostanza che pone Roma e Ankara in diretta competizione per l'influenza in Somalia.

La prima sfida (vinta oggi dai Turchi) riguarda lo sviluppo del *soft power*. Un ruolo leader nella politica morbida di Ankara in Somalia è svolto dalla Mezzaluna Rossa turca, la quale ha presto conquistato il favore della popolazione stremata dalla guerra civile. Lo strumento fondamentale rimane tuttavia l'Agenzia turca per la cooperazione e lo sviluppo (Tika), tramite la quale Ankara si propone di formare le presenti e future élite somale, grazie a borse di studio di cui la popolazione somala può usufruire presso il sistema educativo anatolico.

Nel corso dello scorso secolo, invece, il faro dell'istruzione somala era rappresentato dall'Università nazionale, fondata nel 1969 a Mogadiscio e che comprendeva un corpo docenti esclusivamente di lingua italiana, smobilitato nel 1991. La riattivazione del programma (mai ufficialmente concluso) potrebbe avere una funzione in chiave antiturca, ma se non accompagnato da un serio processo di *state building* al termine della decennale guerra civile, a poco potrà servire.

Mentre il mondo riscopre la storia, l'Italia riscopre la sua vocazione africana. Roma sta attraversando un'epoca di transizione, in cui è chiamata a compiere scelte decisive per il proprio destino. Certo è che il nuovo protagonismo italiano nel continente del futuro non potrà presentare quei caratteri coloniali indigesti ai popoli africani. Suffragare le proprie ambizioni geopolitiche con le sole armi e l'imposizione. Tanto meno sarà efficace una postura economicista e orientata solo dal perseguimento di obiettivi brevi e voluttuosi.

L'Italia ha bisogno di redigere una propria dottrina nazionale e unitaria. Gli annosi problemi legati all'approvvigionamento di risorse energetiche e alla travolgente crisi migratoria vanno abilmente bilanciati alle esigenze dei Paesi africani. Il rapporto "paritario" di dare e avere dovrà rappresentare il pilastro della politica africana del Bel Paese, in grado di scaldare gli animi delle élite e delle popolazioni africane, facendo dell'Italia la vera alternativa ai "nuovi colonialismi".

Sezione II

Armi Spuntate

L'Italia dopo la guerra: sola e male armata

---

*Quanto sono efficaci le forze armate italiane?
Tanti uomini, ma mancano
addestramento e capacità offensive:
perchè le nostre armi sono spuntate.*

Matteo Mazziotti di Celso

Negli ultimi trent'anni, l'Italia ha impiegato il proprio strumento militare soprattutto nell'ambito di iniziative guidate dagli Stati Uniti o dalle principali organizzazioni internazionali cui Roma aderisce. Per anni, lo sforzo militare dell'alleato americano, della Nato e dell'Onu è stato diretto verso aree che in qualche modo rientravano nell'area di prioritario interesse dell'Italia. Questa coincide sostanzialmente con quello che viene tradizionalmente definito "Mediterraneo Allargato", un quadrante che comprende le coste del Mediterraneo e che si estende dal Golfo di Guinea fino al Medio Oriente, passando per il Sahel, il Corno d'Africa, e lo Stretto di Hormuz.

Negli ultimi anni, tuttavia, la situazione è profondamente cambiata. La rapida ascesa della Cina ha determinato un riorientamento strategico degli Stati Uniti, la cui attenzione è oggi saldamente rivolta verso l'Indo-Pacifico. Quanto alla Nato, l'attacco russo all'Ucraina ha incrementato il peso dei Paesi dell'est Europa nell'Alleanza e ha ristabilito la centralità della difesa collettiva. Anche all'interno dell'Unione Europea, il ruolo degli Stati il cui interesse è orientato primariamente a oriente, come la Polonia, la Romania e le Repubbliche Baltiche, è aumentato considerevolmente, e con esso la capacità di questi Paesi di imporre l'agenda delle politiche di sicurezza dell'Unione.

La situazione sopra descritta pone una sfida importante all'Italia. Roma si trova nell'inedita situazione di doversi muovere in maniera molto più autonoma nella propria area di interesse strategico principale. Ciò significa che l'Italia dovrà farsi carico da sola di molte delle sfide alla propria sicurezza derivanti dal Mediterraneo Allargato. Da qui l'imperativo di disporre di uno strumento militare in grado di portare un contributo effettivo alla politica di sicurezza dell'Italia nel quadrante strategico di riferimento. Mai come prima l'Italia ha bisogno di forze armate efficaci.

L'Italia possiede delle forze armate in grado di garantire il raggiungimento degli obiettivi di sicurezza del Paese nel Mediterraneo Allargato? In altre parole, disponiamo di forze armate *efficaci*? In questo capitolo ci si pone lo scopo di fornire una risposta a questa domanda. Premettiamo fin da subito che si tratta di un compito estremamente difficile, per due diversi ordini di motivi. Il primo è specifico del nostro Paese. Capire se le forze armate italiane sono efficaci è complicato perché in Italia la ricerca che è stata condotta sull'argomento è estremamente ridotta. Nell'ambito dell'accademia, il numero di ricercatori che si occupa o che si è occupato di temi militari si conta sulla punta delle dita. Quanto ai centri di ricerca, probabilmente solo l'Istituto Affari Internazionali si dedica in maniera seria allo studio dell'organizzazione militare. Il problema è che, in assenza di ricerca seria sull'argomento, non disponiamo di un sufficiente numero di dati su cui basare le nostre analisi.

Venendo al secondo ordine di motivi che ostacola l'analisi, due punti sono rilevanti. Il primo riguarda l'incertezza sul futuro. La domanda da porsi qui è come sia possibile valutare se una forza armata è efficace o meno se non sappiamo con certezza *per cosa* deve essere efficace. Possiamo fare delle stime, guardando al passato, ma la storia militare ci insegna che ogni conflitto è diverso dal precedente. Il secondo elemento riguarda invece il metodo. Possiamo valutare tutto? O solamente determinati aspetti? Alcune cose possono essere misurate, perché esistono indicatori chiari. Per esempio, di massima, un'elevata spesa militare favorisce l'efficacia, ma anche questo non è affatto detto. E soprattutto, altri elementi parimenti importanti sono difficili da misurare. Come si misura un parametro importante come il livello di addestramento? E il sostegno dell'opinione pubblica? Come possiamo valutare se i nostri cittadini sapranno sopportare perdite in combattimento? Questi fattori, che possiamo considerare "qualitativi", sono difficilmente misurabili e soggetti a molte variabili.

Tenendo conto di queste limitazioni, tenteremo comunque di fornire una valutazione sommaria dell'efficacia dello strumento militare italiano. Per poterlo fare, dovremmo però stabilire *in cosa* le forze armate devono essere efficaci. In questa analisi, definiremo efficaci delle forze in grado di condurre operazioni di combattimento per un periodo di tempo prolungato senza subire un eccessivo numero di perdite.

Chiaramente è una definizione molto vaga, ma ci basta: non è necessario fornire maggiori dettagli perché manterremo l'analisi a un livello molto generale. A livello metodologico, ci aiuteremo spesso con l'analisi comparata. Valuteremo quindi le scelte dell'Italia con quelle delle principali potenze militari del mondo, e in particolare quelle europee, che sono Regno Unito e Francia. In sostanza, questi due Paesi, e in particolare il Regno Unito, verranno utilizzate come parametri di riferimento. A livello analitico, poi, analizzeremo l'efficacia osservando due aspetti. La prima parte analizza le risorse, quindi la spesa e gli equipaggiamenti. La seconda analizza la capacità di impiegare queste risorse.

Le risorse a disposizione

La spesa

Cominciamo con gli aspetti più basilari, ovvero quelli che vengono di solito usati come parametri di riferimento anche da chi è a digiuno di analisi militare. Osserviamo quindi le spese. Stando ai dati forniti dal International Institute for Strategic Studies (Iiss), una delle fonti più autorevoli nel campo, nel 2022 l'Italia ha speso per la propria difesa 29,4 miliardi di euro, pari al 1,55% del Pil nazionale.[1] Chiariamo subito che si tratta verosimilmente di una stima al rialzo. Rivista Italiana Difesa (Rid), la fonte più autorevole in tema

---

[1] INTERNATIONAL INSTITUTE FOR STRATEGIC STUDIES (IISS); *The Military Balance 2023*; Routledge; Londra.

di budget della difesa in Italia, stabilisce che la spesa militare italiana nel 2022 non ha superato i 22,69 miliardi, una cifra a cui Rid arriva calcolando il bilancio della Difesa (meno i carabinieri) e aggiungendo i fondi del MiSE e del Mef dedicati alle forze armate.[2] Quel che ci interessa qua, però, è un'analisi comparata, perciò procediamo con i dati del Iiss.

Per capire se i 29,4 miliardi spesi dall'Italia secondo l'Iiss sono tanti o pochi, osserviamo i dati di Francia, Regno Unito e Germania. La Germania ha speso 50,5 miliardi (1,32% del Pil), la Francia 51,4 miliardi (1,95%), il Regno Unito 74,6 miliardi (2,18%). Guardiamo ora alla consistenza delle forze armate. Sempre secondo l'Iiss, nel 2022 l'Italia conta 161.050 uomini in servizio attivo, la Germania 183.150, la Francia 203.250, il Regno Unito 150.350.

	Spesa Militare (in mld di euro)	Spesa/PIL	Uomini in servizio attivo	Spesa/Uomini in servizio attivo
Italia	29,4	1,55%	161.050	182.550
Germania	50,5	1,32%	183.150	275.730
Francia	51,4	1,95%	203.250	252.890
Regno Unito	74,6	2,18%	150.350	496.170

Facciamo due conti. Partiamo dal paragone con la Germania. Bisogna dire, prima di tutto, che le forze armate tedesche non costituiscono affatto un buon parametro di riferimento, dato che tutti gli analisti militari concordano nel dire che, quando si tratta di difesa, la Germania è veramente il malato d'Europa. Numerosi studi dimostrano che le forze tedesche hanno gravi problemi di prontezza e di reclutamento. Proviamo comunque a guardare i numeri. Rispetto alla Germania, l'Italia spende di più, almeno in percentuale rispetto al Pil (1,55% dell'Italia contro 1,32% della Germania). Però le sue forze armate numericamente sono di poco inferiori a quelle tedesche. Infatti, la Germania spende circa 275.730 euro per ogni soldato, mentre l'Italia solamente 182.550 euro. Insomma, l'Italia spende di più rispetto al Pil, ma le dimensioni delle sue forze fanno

---

2 P. BATACCHI; *Bilancio della Difesa 2022*; Rivista Italiana Difesa; 02.2022; pp. 28-32.

sì che la spesa per singolo individuo sia nettamente inferiore a quella tedesca. Più quantità ma (molta) meno qualità. Veniamo alla Francia e al Regno Unito. Qui il paragone è impietoso. La Francia spende quasi il 2% per le proprie forze, e il Regno Unito addirittura di più. La Francia spende 252.890 euro per ogni soldato, il Regno Unito, la vera potenza militare europea, spende addirittura 496.170 euro, due volte la Francia e quasi tre volte l'Italia.

L'analisi rivela due aspetti problematici. Innanzitutto, l'Italia spende poco. In percentuale spende più della Germania, ma questo Paese, come si è detto, non è un esempio da seguire. In secondo luogo, l'Italia spende troppo poco in relazione alla quantità di uomini che possiede. Come si spiega questo? Come fa l'Italia a spendere così poco e mantenere sotto le armi così tanti effettivi? Verrebbe da dire che i nostri sono pagati meno. In realtà non è così, anzi. I nostri soldati non sono pagati male rispetto agli altri. Lo dimostra il fatto che l'Italia, rispetto alla Francia, alla Germania e al Regno Unito, ha minori difficoltà di reclutamento e il mestiere delle armi, almeno in certe zone d'Italia, resta attrattivo.

Per capire allora come spiegarsi i numeri dell'Italia dobbiamo osservare la distribuzione della spesa. La spesa militare si può dividere in tre parti: spesa per il personale (stipendi e indennità), spesa per gli investimenti (ricerca e acquisto di attrezzature militari e mezzi), spesa per l'esercizio (manutenzione e addestramento). Vediamo come l'Italia ha distribuito la sua spesa nel 2022. Qui ci basiamo sui dati di Rivista Italiana Difesa, dato che dobbiamo bisogno di maggiore precisione sulla spesa italiana.

Guardiamo la distribuzione delle spese e iniziamo dal personale. Nel 2022 l'Italia ha speso circa 10,5 miliardi per stipendi e indennità, a cui però vanno aggiunti i fondi messi a disposizione del Mef per le operazioni internazionali, pari a circa 1,4 miliardi. Di questi, non tutti sono usati per pagare le indennità dei militari, per cui è difficile stabilire esattamente a quanto ammontano le spese per il personale. Ragionevolmente, possiamo supporre che circa 1 miliardo sia dedicato a queste indennità (si tratta di una grossa supposizione, a cui il lettore deve dare il giusto peso): in questo modo, l'analisi rivela che l'Italia nel 2022 ha speso per il personale 11,5 miliardi, pari a circa il 51% del budget (ricordiamo che secondo RID l'Italia ha speso 22,7 mld). Veniamo agli investimenti. Il budget del ministero della Difesa ha messo a disposizione 5,3 miliardi per gli investimenti mentre il MiSE circa 3,5 miliardi. Il totale è quindi di quasi 9 miliardi, pari a circa il 40%. Infine, l'esercizio. A conti fatti, all'esercizio restano poco più di 2 miliardi di euro, meno del 10%.

Alla luce di questi calcoli, la risposta alla domanda che ci siamo posti, e cioè come fa l'Italia a spendere così poco per delle forze armate così grandi, sembra chiara. L'Italia spende più della metà del budget militare per pagare gli stipendi dei suoi soldati. Si tratta di una cifra molto alta, dato che il Regno Unito e la Francia spendono circa il 30%. Quanto agli investimenti, l'Italia spende molto, dato che dedica a questa spesa circa il 40% del budget, in linea con Francia e Regno Unito. Come si può notare, il problema è l'addestramento, assolutamente sottodimensionato. Si tratta di un deficit grave, che non necessita certamente di essere commentato, dato che il rapporto tra addestramento ed efficacia è evidente: più una forza armata si addestra, più è efficace.

L'equipaggiamento

Se l'Italia spende così tanto per gli investimenti, ci si aspetta che le forze armate italiane dispongano di mezzi e sistemi d'arma all'avanguardia. È così? Analizziamo una per una le tre forze armate per rispondere a questa domanda.

L'Esercito è, tra tutte le forze armate, quella che dispone dei mezzi tecnologicamente meno avanzati. Sul settore dei veicoli medi e leggeri, l'Esercito può contare su mezzi moderni e di elevata qualità, come il Vtlm Lince, la Blindo Centauro, il Vcc Freccia, il Vtmm Orso. Sono mezzi validi e impiegati in teatri operativi. Il Lince ha avuto anche molto successo all'estero, mentre la Blindo, l'Orso e il Freccia molto meno. Mentre la componente ruotata dell'Esercito sembra versare in buone condizioni, lo stesso non si può dire per quella cingolata. I principali mezzi della componente pesante dell'Esercito – il carro Ariete e il Vcc Dardo – sono oggi vecchi e vetusti. Il genio pesante necessita di importanti investimenti perché dispone di mezzi veramente obsoleti e non ha capacità di sminamento reali. Quanto alla difesa aerea, l'Esercito dispone di un buon sistema contraerei a media portata, il Samp/T, realizzato con la Francia, ma il resto della contraere italiana necessita di maggiori investimenti. La componente elicotteristica è ben sviluppata. L'Italia, soprattutto grazie al supporto di Leonardo, può contare su elicotteri moderni e avanzati, come l'Aw-249, l'Aw-169, il Ch-47F, il Nh-90.

Le unità della Marina Militare sono tra le più avanzate d'Europa. Basta dire che oggi disponiamo di tre diverse piattaforme in grado di far decollare velivoli a decollo verticale, cioè la Garibaldi, la Cavour e la Trieste. La Marina Militare dispone di una flotta di F-35 in versione B, cioè Stovl (decollo e atterraggio verticale), un vero e proprio gioiello per le nostre unità navali. La componente alturiera della Forza Armata è comparabile a quella della Francia e superiore a quella della Germania. Grazie alla collaborazione tra Fincantieri e Naval Group, l'Italia dispone di fregate moderne, le Fremm: si tratta di navi agili, tecnologicamente avanzate e multiruolo, che stanno avendo importante successo anche all'estero (anche negli Stati Uniti).

Veniamo all'Aeronautica Militare. Il punto di forza dell'arma azzurra consiste nella doppia linea – Eurofighter e F-35 –, nella grandissima esperienza maturata dal settore aeronautico italiano nel campo degli Uav e, inevitabilmente, dal possesso del più moderno velivolo a disposizione dell'Occidente, il caccia F-35. Le principali debolezze dell'Aeronautica riguardano il settore del pattugliamento antisom – a titolo di paragone, l'Italia possiede solo quattro P-72, mentre la Francia ha 18 Atlantique 2 –, il settore del trasporto aereo e il settore dell'aerorifornimento.

A livello generale, occorre infine notare, prima di giungere alle conclusioni di questa prima parte, che gli equipaggiamenti di tutte e tre le forze armate italiane, ma in particolare dell'Aeronautica e della Marina, sono sì avanzati, ma spesso soffrono di una carenza di capacità offensive. L'Italia, per esempio, dispone di una grande esperienza nel settore Uav ed è stata il primo Paese europeo, insieme al Regno Unito, a operare con i Predator. I droni italiani, però, sono stati a lungo disarmati, ricevendo l'autorizzazione a impiegare armamento offensivo solamente nel 2021, quando il ministero della Difesa, nel Documento Programmatico Pluriennale (Dpp) 2021-2023, ha dato il consenso per armare i droni classe Male Reaper in dotazione all'Aeronautica Militare italiana. Ancora, l'Italia dispone di unità navali avanzate, come le Fremm, ma per lungo tempo ha deciso di non dotare le sue navi di missili *land-attack*, ovvero sistemi d'arma autopropulsi e guidati capaci di colpire obiettivi terrestri.

Tale *vulnus*, dovuto principalmente ai tanti tabù che hanno caratterizzato e che caratterizzano ancora oggi l'approccio dell'opinione pubblica verso le questioni militari in Italia, fa sì che spesso l'Italia, benché disponga di attrezzature militari moderne, manca delle capacità di condurre operazioni offensive. Un esempio lampante di quanto affermato è stato fornito da Rivista Italiana Difesa in un interessante articolo comparso nel 2018. Nel fascicolo di giugno di quell'anno, David Meattini analizzava l'attacco compiuto da unità navali e aeree statunitensi, francesi e britanniche ai danni delle forze di Assad in Siria a seguito dell'impiego di armi chimiche da parte delle forze del regime.[3] L'analisi dimostrava in maniera palese come l'Italia, se avesse voluto partecipare alle operazioni, avrebbe potuto contare solamente sui suoi vecchi Tornado, dotati del missile Storm Shadow – missile che ha una gittata molto limitata (circa le metà) rispetto a quelli usati dalle unità navali francesi, gli Scalp.

Tuttavia, nel caso in cui l'Aeronautica Militare non avesse disposto della possibilità di schierare i velivoli italiani a distanza utile, l'Italia non avrebbe potuto partecipare, dato che le unità navali italiane, a differenza di quelle di moltissimi Paesi occidentali, non disponevano di missili da crociera per attacco terrestre.

---

[3] DAVID MEATTINI; *L'attacco alla Siria e l'arte del targeting*; Rivista Italiana Difesa; 06.2018; pp. 30-32.

Volendo riassumere i risultati di questi due paragrafi, l'immagine che emerge dall'analisi (superficiale) dei dati presentati è quello di un Paese che vuole avere delle forze armate all'altezza dei suoi alleati europei, cioè forze grandi e moderne, ma che non è disposto a spendere la quantità di denaro necessaria per sostenere questo strumento. Il risultato è che l'Italia dispone di forze armate grandi, moderne, ma non manutenzionate né addestrate.

La capacità di impiego delle forze armate

Veniamo all'aspetto più difficile da valutare, quello cioè legato all'impiego, ovvero l'effettiva capacità delle forze armate di impiegare queste risorse per ottenere obiettivi militari. Qui il nostro compito si fa più arduo, perché abbiamo poco materiale su cui basarci, e bisogna fare delle speculazioni. Come abbiamo detto in apertura, abbiamo stabilito come assunto di base che le forze armate italiane sono efficaci se in grado di condurre combattimenti prolungati nel tempo. Quale caratteristiche occorrono per poter soddisfare questo requisito? La risposta, inevitabilmente, è "molte", ma non è possibile analizzarle tutte. Per motivi di spazio, ci soffermeremo solo su quelle ritenute di primaria importanza. Per identificarli, separiamo analiticamente i requisiti dei militari e quelli della società.

Partiamo dai primi. Quali requisiti deve possedere un soldato che si trova coinvolto in un'azione militare. Col rischio di sembrare banali, rispondiamo che prima di tutto esso deve essere addestrato. Deve sapere come impiegare le proprie armi e muoversi sul terreno. Ora, è impossibile verificare tutte le variabili che influiscono su questo requisito, perciò procediamo al contrario, partendo dalle caratteristiche del soldato italiano oggi e valutandone l'impatto sull'addestramento.

L'immagine del militare italiano medio è quella di un uomo di

39 anni,[4] quindi una persona probabilmente sposata, con figli e genitori anziani. Verosimilmente è più anziano, e di parecchio, del suo comandante di plotone, colui che lo guida sul campo (il comandante di plotone che inizia il suo percorso ha dai 23 ai 27 anni). Non è addestrato, perché il suo reggimento non ha abbastanza fondi per addestrarsi, e difficilmente ha esperienza diretta del combattimento, perché nella sua carriera professionale poche volte, forse mai, si è trovato in situazioni simili.

In che modo queste caratteristiche influiscono sul suo livello addestrativo? L'età influisce in maniera estremamente negativa sull'addestramento. Non solo perché un quarantenne non può sostenere lo sforzo fisico di un ventenne, ma anche perché un quarantenne ha moglie, figli, e genitori da mantenere. Significa che per questo soldato fare un mese di campo in Sardegna è un grosso problema, che non tutti possono risolvere. Quindi il soldato è verosimilmente difficile da addestrare. Inoltre, è anche difficile da portare in operazione, per gli stessi motivi. La differenza di età influisce negativamente poi anche sul comando: difficile ricevere ordini dal tenente ventitreenne che non ha mai condotto un'operazione in vita sua. L'assenza di addestramento fa si che, in caso di combattimento, il soldato non possieda gli automatismi che gli consentono di reagire in maniera corretta durante momenti più critici, quando la paura e l'adrenalina annebbiano il cervello.

Veniamo ai requisiti della società. In questo caso l'elemento da valutare è il supporto. Le operazioni di combattimento inevitabilmente implicano la possibilità che i militari italiani rimangano uccisi. La politica deve essere in grado di spiegare all'opinione pub-

---

[4] Nel 2022, la categoria dei graduati dell'Esercito Italiano aveva una media di 39 anni. Cfr. ESERCITO ITALIANO; *Rapporto Esercito 2022;* Stato Maggiore dell'Esercito; Roma; p. 12. Si noti che si tratta della categoria che, a livello teorico, dovrebbe essere la più giovane in assoluto, visto che la figura del graduato è generalmente quella che prevede meno contratti a tempo indeterminato (soprattutto perché richiede un periodo di formazione di gran lunga più breve di quello di ufficiali e sottufficiali). Si noti, poi, che proprio l'Esercito Italiano, dato l'impiego richiesto, dovrebbe essere la forza armata più giovane in assoluto.

blica perché i nostri soldati combattono all'estero e muoiono. La società, in breve, deve saper sostenere le perdite dei militari in combattimento. Ancora una volta, difficile valutare il livello di supporto della società italiana, perché abbiamo poco materiale empirico su cui studiare. Per rispondere possiamo adottare due stratagemmi. Il primo consiste nell'osservare l'approccio riservato dai nostri governi nei confronti della partecipazione delle forze italiane alle operazioni di combattimento. Il secondo consiste nell'osservare come abbiamo raccontato le operazioni di combattimento fino ad oggi.

Quanto al primo punto, i governi italiani hanno costantemente cercato di tenere i propri soldati il più possibile fuori da azioni di combattimento. Nella guerra di Libia, nel 2011, la partecipazione diretta dei velivoli italiani ai bombardamenti è stata a lungo limitata (i nostri erano autorizzati a fare tutto fuorché sganciare ordigni) fino a quando gli americani non imposero praticamente di contribuire con lo sgancio di bombe.[5] In Afghanistan, gli italiani hanno assunto il controllo del settore più pacifico, quello occidentale, e hanno sempre agito con stringenti regole di ingaggio. In Iraq, nell'ambito della coalizione internazionale contro l'Isis, l'Italia ha partecipato alle operazioni della coalizione senza mai colpire direttamente gli obiettivi sul terreno.

Quanto al secondo punto, la narrazione, gli studiosi italiani sono unanimi nel ritenere che la nostra narrazione è stata sempre coperta da un velo umanitario che ha raccontato i fatti in maniera più che edulcorata.[6] I nostri sono sempre stati i "soldati di pace", gli attacchi ai soldati sono stati "attentati", e non atti di guerra, e i nostri morti sono stati "vittime", non caduti in combattimento. Episodi rilevanti dal punto di vista militare, come la battaglia del *checkpoint*

---

[5] GREGORY ALEGY; *The Italian Experience: Pivotal and Underestimated;* in K. P. MUELLER (ed.); *Precision and Purpose Airpower in the Libyan Civil War;* Rand Corporation; Santa Monica (Ca); pp. 205-231.

[6] FABRIZIO COTICCHIA; *La guerra che non c'era. Opinione pubblica e interventi militari italiani dall'Afghanistan alla Libia;* Università Bocconi Editore, Milano, 2014.

Pasta, raccontata in un bel volume dal Generale Loi,[7] sono pressoché sconosciuti dalla maggioranza degli italiani, la cui conoscenza dei fatti avvenuti in Somalia si limita a quanto visto nel film "Black Hawk Down". Molto più spesso, i fatti non sono stati raccontati. Per anni, ad esempio, mentre i soldati italiani combattevano duramente in Afghanistan, gli italiani erano ignari di cosa accadesse in quelle terre. In generale, l'Italia non solamente ha costantemente evitato di assegnare funzioni di combattimento ai suoi uomini, ma quando si è trovata nella condizione di doverlo fare, ha tentato di nascondere questo elemento nella narrazione ufficiale.

Le considerazioni di cui sopra non dimostrano che la nostra società non è in grado di sostenere perdite. Questo non possiamo saperlo. Esse però rivelano due elementi i quali, in qualche modo, suggeriscono che negli ultimi vent'anni la relazione tra italiani e uso della forza non è stata esattamente una relazione facile, il che non lascia pensare nulla di buono in merito al sostegno dell'opinione pubblica verso operazioni che comporterebbero numerosi caduti in combattimento.

Valutare l'efficacia di uno strumento militare è un compito arduo, specialmente se l'oggetto di studio sono le forze armate italiane. Il lettore deve considerare che l'analisi qui presentata costituisce un tentativo superficiale e di natura prettamente esplorativa. Tenuto conto di questo, però, l'analisi ha rivelato alcuni importanti elementi che lasciano trasparire un'immagine di uno strumento militare sottofinanziato, male addestrato, vecchio, e supportato da un'opinione pubblica che difficilmente tollererebbe un elevato numero di perdite in combattimento.

Questi problemi, benché gravi, non sembrano costituire oggetto di attenzione da parte del dibattito pubblico. Neanche dopo l'invasione russa dell'Ucraina è stata avviata in Italia una riflessione sulle forze armate. Alla luce di queste considerazioni, il tema vero che bisogna porsi prima di capire cosa fare di fronte a questi problemi

---

[7] BRUNO LOI; *Peace-keeping, pace o guerra? Una risposta italiana: L'operazione Ibis in Somalia;* Vallecchi, Firenze, 2004.

è se l'efficacia delle forze armate costituisca effettivamente un obiettivo che interessi a qualcuno. Il contributo qui presentato, infatti, sembra suggerire proprio questo, e cioè che alla politica interessano le forze armate, ma non la loro efficacia. L'Italia possiede uno strumento militare grande e dotato di armi all'avanguardia. Che queste siano spuntate, però, sembra interessare a pochi.

Le missioni italiane all'estero sono servite a qualcosa?

Il nuovo panorama geopolitico obbliga a ripensare la strategia alla base dell'azione militare esterna per rispondere agli interessi nazionali.

Lara Montaperto

C he lo scoppio della guerra in Ucraina abbia operato una vera e propria rivoluzione all'interno del sistema delle relazioni internazionali, non è certo un segreto. Non si è trattato semplicemente del ritorno della guerra in Europa dopo la convinzione di averla abbandonata per sempre, ma della presa di coscienza che il tempo delle trincee, degli eserciti sul campo e, più genericamente, dell'impiego massiccio dello strumento militare non fosse stato affatto superato.

I Paesi che non erano più avvezzi alla strategia hanno dovuto tornare a pensarla: l'Italia è tra questi. Certo, il mondo è cambiato sia dalla fine del Secondo conflitto mondiale che dalla *fine (?)* della Guerra fredda. Se in meglio o in peggio difficile dirlo; certo si è assistito, se mai, a un aumento esponenziale della complessità, dei fattori di instabilità e dei domini coinvolti all'interno della competizione globale, che richiedono azioni sempre più strutturate da parte delle realtà statuali.

L'agonismo tra Stati è tornato ad essere un fattore costante e ineludibile, tuttavia può risultare superficiale pensare che esso abbia direttamente a che vedere con la guerra in sé. Certamente, questa è un fattore da tornare a considerare e gestire pragmaticamente all'interno della riflessione geostrategica dei singoli attori internazionali, Italia compresa.

Negli anni, non si può certo dire che l'attivismo italiano all'estero sia mancato, eppure sembra che la crisi attuale abbia evidenziato la necessità di una maggiore razionalizzazione degli impegni, al fine di non disperdere in attività poco fruttuose le già scarse risorse a disposizione.

La cornice degli interessi nazionali italiani e il ruolo dell'apparato militare

L'attività di un Paese fuori dai confini nazionali può essere struttu-rata attraverso vari strumenti: da quelli della diplomazia tradizio-nale alle missioni internazionali che possono coinvolgere personale civile o militare. Per quanto concerne la seconda categoria, le atti-vità e i mezzi che lo strumento militare italiano ha a disposizione sono molti: tra questi, la diplomazia militare, le missioni vere e pro-prie, o le attività di cooperazione, partecipazione allo sviluppo di capacità di altri Paesi, nonché di *partnership* strategiche più o meno strutturate.

Essi vengono impiegati all'interno di una cornice che le direttive ministeriali hanno identificato negli ultimi anni come "Mediterra-neo allargato", ovvero lo spazio geopolitico in cui l'Italia intende-rebbe proiettare la propria azione esterna. Un concetto – spesso di-scusso – che si riferisce alle zone che si estendono radialmente in-torno al Mar Mediterraneo geograficamente inteso. Vi rientrano l'Europa continentale, i Balcani e il Mar Nero; il Caucaso, la Peni-sola arabica e il Golfo persico; l'Africa settentrionale, il Corno d'Africa, la fascia del Sahel, giungendo fino al Golfo di Guinea.

La Delibera missioni del Consiglio dei Ministri per il 2023 af-ferma che: «Sul piano geopolitico, il nostro Paese è oggi posto al centro di un ideale arco di crisi che, partendo dal confine orientale dell'Alleanza Atlantica e dal teatro del conflitto russo-ucraino, si estende verso sud, evidenziando aree di crisi o conflittualità dif-fusa».[1]

La presenza italiana all'interno di tale quadrante geostrategico si rende tanto più necessaria e urgente perché nel *mare nostrum* è oggi in corso una guerra silente per l'accaparramento delle risorse

---

[1] CONSIGLIO DEI MINISTRI; *Delibera missioni del Consiglio dei Ministri per il 2023.*

sottomarine, condizione che porta, tra le altre cose, a una progressiva "territorializzazione" del mare attraverso l'estensione autoproclamata delle zone economiche esclusive (Zee) da parte degli Stati rivieraschi.

Senza contare la crescente presenza della Federazione Russa, sia a livello marittimo (con un crescente numero di unità navali all'interno del Mediterraneo), che a livello terrestre. Nei Balcani, in particolare, Mosca è particolarmente attiva, per ragioni culturali e storiche, con il rischio di compromettere il percorso di integrazione euroatlantica di una zona già endemicamente instabile per le tensioni etniche che la interessano.

Problemi simili, insieme a tante altre criticità, attanagliano anche un'area di grande interesse per l'Italia, e cioè l'Africa, oggi il continente instabile per eccellenza. Una precarietà che riguarda sia il nord – con lo stallo politico in Libia, la fragile tenuta statuale della Tunisia e la conflittualità tra Marocco e Algeria – che l'Africa subsahariana (quasi non si contano i colpi di Stato che hanno interessato la zona del Sahel solo negli ultimi due anni).

Nella fascia subsahariana, in particolare, si consideri la proliferazione del terrorismo di matrice jihadista, la cui abilità di strumentalizzare le conflittualità etniche e le precarie condizioni della popolazione a scopi divisivi è ben nota; ma anche gli interessi nello sfruttamento delle cosiddette "terre rare", o i sentimenti antioccidentali di larghe fasce della popolazione, che hanno favorito la presenza di *competitor* come Russia (per la presenza del gruppo Wagner) e Cina (per il colonialismo economico).

Gli effetti di tale instabilità si riverberano, inevitabilmente e in maniera indiretta, sui Paesi europei – Italia *in primis* – attraverso la pressione migratoria; una condizione che, in concomitanza con la crisi ucraina, ha assunto particolare rilievo, e che necessita di concrete misure di contrasto.

Vi è poi il Corno d'Africa, con la perdurante crisi somala e i conflitti interetnici che minacciano la stabilità dell'Etiopia, attore principale della regione, già impegnato, tra l'altro, nelle tensioni con il Sudan e l'Egitto.

Infine, la polveriera mediorientale, che non fa certo eccezione in termini di esplosività, complessità e precarietà politico-statuale. Non solo riguardo agli sviluppi più recenti relativi al mai sopito conflitto arabo-israeliano che nelle ultime settimane non ha potuto non catalizzare l'attenzione per la drammatica portata dei fatti; ma anche alle questioni ad essi in varia misura collegati. Dalla contrapposizione etnica e condizione socio-economico-politica libanese, alla saldatura tra Russia e Iran in chiave antioccidentale, ai conflitti mai risolti di Siria e Yemen, o al cambiamento di postura che i Paesi del Golfo hanno mostrato dopo il progressivo disimpegno degli Stati Uniti nell'area.

Tale compagine di equilibri instabili influenza in maniera più o meno diretta i quadranti adiacenti il Mediterraneo in cui l'Italia identifica i propri interessi, ma non solo. Esistono dinamiche ancor più lontane che nonostante ciò, per dimensioni, rischiano di compromettere interi equilibri globali che possono interessare anche la Penisola.

Il riferimento è alla crescente competizione tra Cina e Stati Uniti nel teatro Indopacifico, un'area che non richiede, al momento, il contributo diretto dell'Italia, ma che potrebbe riservare sorprese nel momento in cui si dovesse assistere a un surriscaldamento dello scontro. Questo, anche in virtù dello schieramento conclamato del nostro Paese a fianco dell'alleato statunitense.

Gli obbiettivi delle missioni italiane all'estero

Il ragionamento geopolitico ad ampio spettro e la sistematizzazione degli interessi per aree geografiche è fondamentale per la definizione dei nuovi obbiettivi e per massimizzare l'efficacia dei mezzi a disposizione.

La tendenza in corso all'interno della riflessione strategica nazionale è quella di pensare le attività per ottenere risultati di medio-lungo periodo, coordinando l'azione dei diversi dicasteri in un'ottica di Sistema-Paese. Si sta quindi delineando un nuovo schema su cui basare l'azione militare italiana fuori dai confini nazionali, una tendenza che senz'altro deriva da una serie di lezioni apprese dalla guerra in Ucraina, una doccia fredda di *realpolitik* a cui non ci si era affatto preparati.

Innanzitutto, è stata avvertita la necessità impellente di razionalizzare gli sforzi, al fine di evitare la presenza diffusa delle forze armate senza che vi fosse un reale criterio a supporto, con il rischio di disperdere energie e risultare uniformemente deboli (la metafora del prezzemolo "poco e dappertutto", per quanto riduttiva, può risultare in termini macroscopici particolarmente calzante).

In secondo luogo, si è ragionato sull'importanza di anticipare possibili sviluppi capaci di mettere a rischio soprattutto la sicurezza energetica del Paese. Perché ciò si verifichi è apparso fondamentale fidelizzare il più possibile i partner internazionali interessati (in questo caso quelli africani in particolare), fornendogli concrete opportunità a più livelli – politico, commerciale, formazione militare – onde evitare che i *competitor* internazionali, sempre più attivi attraverso una combinazione di *hard* e *soft power*, riempiano vuoti lasciati da azioni poco pragmatiche.

Nuove ambizioni, quindi, accompagnate da nuove necessità in termini di risorse e di flessibilità operativa, vista la serie di sorprese strategiche che hanno investito il Bel Paese su più fronti. Imperativi che, se ignorati o non affrontati con sufficiente prontezza, possono oggi produrre effetti catastrofici.

La scarsità dei fondi a disposizione e la burocratizzazione del sistema certo non aiutano in termini di efficacia ed efficienza. Il processo nazionale di definizione delle missioni è infatti regolato da un iter lungo e laborioso.[2] Un meccanismo in cui il Parlamento approva una delibera licenziata dal Consiglio dei Ministri su proposta del Ministero degli Esteri in coordinamento col Ministero della Di-

---

[2] Un procedimento previsto dalla legge 145 del 2016.

fesa, previa comunicazione al presidente della Repubblica ed eventuale convocazione del Consiglio Supremo di Difesa. Di tale procedura ci si è serviti a lungo e ci si continua a servire, ma emerge in maniera sempre più evidente e pressante la necessità di un esecutivo più pronto ai cambiamenti sempre più repentini che interessano oggi le relazioni internazionali.

Per quanto riguarda quest'anno, l'iter si è concluso nel mese di luglio, prevedendo un impegno sostanzioso sia in termini di uomini, che in termini di risorse (un massimo di 11mila uomini per uno sforzo finanziario di un miliardo e 300 milioni di euro). Oltre alla cornice degli interessi nazionali e il panorama geopolitico in cui si muove il nostro Paese, la *Delibera missioni del Consiglio dei Ministri per il 2023* illustra in modo sistematico gli obbiettivi per i singoli quadranti strategici stabilendo così – finalmente – un criterio decisionale che determini la partecipazione italiana (o la negazione di essa) alle missioni internazionali o bilaterali.

La stragrande maggioranza degli impegni per l'anno in corso riguardano pur sempre missioni che sono state prorogate e che trovano i propri precursori in attività svolte negli anni passati. Si tratta in larghissima parte di contributi a missioni inserite nel quadro delle alleanze cui l'Italia aderisce tradizionalmente e in maniera, talvolta, acritica (Onu, Nato e Unione Europea).

Il tentativo oggi, per l'anno venturo, è quello di invertire la tendenza – o quantomeno di modificarla gradualmente – al fine di ottimizzare le risorse in maniera più mirata verso le zone di interesse primario, attraverso un dialogo bilaterale più diretto, più costoso, ma forse più pagante.

I numeri da soli, in ogni caso, suggeriscono l'attitudine verso un impegno generale all'estero sempre più consistente, e ciò dovrebbe far riflettere sulla possibilità – nonché impellente necessità – di conseguire anche obiettivi sempre più realistici.

Su un totale di 41 missioni attive, quattro sono state istituite quest'anno (in Ucraina, in Libia, in Niger e in Burkina Faso) ma solo in Burkina Faso l'Italia si è impegnata formalmente a livello bilaterale, sebbene questa missione in realtà non sia mai partita a causa del cambio del vertice politico intervenuto con i colpi di Stato del 2022.

Negli altri casi si tratta di missioni approvate dall'Unione Europea. Per quanto riguarda, invece, le missioni già attive e che sono state prorogate si contano: tre partecipazioni a missioni promosse da iniziative multinazionali indipendenti e otto missioni bilaterali. I restanti 26 impegni riguardano la partecipazione a missioni dell'Unione Europea (10), della Nato (nove) e dell'Onu (sette).

Riflessioni tra passato e presente

Sulle missioni italiane all'estero, analizzate in chiave leggermente più storica – dal cospicuo e lungo impegno in Afghanistan (avviato con l'operazione *Enduring freedom* e terminato nel 2021 con i ben noti eventi del ritiro da Kabul) – era già scaturita una valutazione sull'efficacia degli interventi, soprattutto in zone lontane e con retroterra culturali profondamente diversi, nonché della necessità di rendere questi interventi efficaci ed efficienti, monitorandone gli eventuali effetti benefici, quando presenti.

Specularmente, l'esperienza in Iraq (iniziata con l'operazione *Prima Babilonia,* pagata con il grosso tributo di sangue delle vittime di Nassiriya) è terminata con un ritiro cui aveva fatto seguito il collasso dello Stato iracheno e la nascita dello Stato islamico.

La riflessione è tanto più necessaria quando consideriamo una serie di attività che non sempre trovano immediato riscontro in termini di effetti generati e di risultati prodotti. Nonostante 15 anni di azione continuativa in Somalia da parte della comunità internazionale, ad esempio, il Paese è ancora oggi senza un esercito efficiente.

Ma si pensi anche al cospicuo numero di operazioni navali che impegnano l'Italia in tutto il globo con costi che spesso non eguagliano i benefici. Paradossale che la presenza di turchi e russi in Libia abbia colto il nostro Paese quasi di sorpresa; senza contare le pressioni turche alle autorità libiche per fare in modo che non fossero concessi visti agli italiani impegnati nella Missione bilaterale di assistenza e supporto in Libia.

Attualmente, è possibile suddividere gli impegni italiani in tre grandi categorie: i contributi alla Nato in termini di postura difensiva e deterrenza euroatlantica; le attività di gestione delle crisi – molte delle quali avviate negli ultimi 10-15 anni come Kfor nei Balcani, *Nato mission* in Iraq e operazione *Inherent Resolve*; e, infine, le missioni con carattere di *capacity building*, alcune di natura bilaterale, altre di natura europea – come alcune delle European Union Taining Mission (Eutm).

Le missioni che appartengono alla prima categoria sicuramente non producono esiti di efficacia ed efficienza immediati. Esse rappresentano una grossa fetta dell'impegno internazionale italiano, pari circa alla metà dei costi. La deterrenza si misura in "assenza di attacchi subiti" e l'incremento dell'impegno su quel fronte è certamente determinato dalla crisi russo-ucraina. Inoltre, la partecipazione ad alleanze come la Nato contiene in sé due elementi: *in primis*, il fatto che si tratti di un ombrello securitario su cui si può fare affidamento e che mette al riparo il Paese da rischi militari concreti; il secondo elemento riguarda aspetti più prettamente politici. L'italiana fedeltà incondizionata e ininterrotta del all'Alleanza Atlantica ha portato, ad esempio, alla recente elezione dell'Ammiraglio Cavo Dragone (attuale Capo di Stato Maggiore della Difesa) a prossimo *chairman* del comitato militare atlantico.

Le attività di *crisis management* della seconda categoria rappresentano un modo tipicamente italiano di partecipare alle attività volte a stabilizzare le zone di interesse strategico. Nei Balcani gli effetti da un punto di vista militare sono stati conseguiti nel tempo, ottenendo una certa stabilità. Tuttavia, tale stabilizzazione non è stata accompagnata da un processo politico di vera normalizzazione. Se non si arriva a soluzioni politicamente sostenibili, i focolai che il personale militare si prodiga di continuare a spegnere resteranno accesi sotto la cenere. I risultati spesso arrivano da un punto di vista prettamente militare, ma quando si parla di ricostruzione di interi Stati o addirittura di pretese di democratizzazione, probabilmente si stanno ponendo in capo alle forze armate degli obbiettivi che sono ben al di sopra delle loro possibilità. Al netto di tali considerazioni, la scelta al momento non può che essere quella di mantenere una costante presenza finalizzata a stabilizzare aree da cui potrebbero discendere rischi significativi per la sicurezza del Paese. Balcani, Medioriente e Nord Africa, prima di tutto.

La terza frontiera delle missioni italiane all'estero è quella riguarda la "costruzione di capacità" (*capacity building* e addestramento di forze regolari in altri Paesi) e il grosso *shift* operato negli ultimissimi anni riguarda proprio quest'ultima categoria, nel tentativo di incrementare le missioni nazionali di natura bilaterale, a scapito di quelle inquadrate all'interno di impegni multilaterali le Eutm europee. Gli eventi più recenti, specialmente in Africa, hanno evidenziato come la politica estera dei Paesi dell'Ue non è omogenea e che quindi è può essere necessario inseguire interessi particolari che possano confliggere con quelli di altri Stati. Dare una prospettiva nazionale alle missioni mira anche a costruire un'influenza politica diretta sulle autorità dei luoghi in cui si va a operare. Naturalmente, anche in questo caso, gli effetti non potranno essere osservati immediatamente, ma nel medio-lungo termine. L'Italia sta iniziando a investire in tal senso solo ora e sulla scorta dell'emergenza, pagando anni di vuoto strategico. Mirare a ottenere istituzioni militari solide nell'arco dei Paesi limitrofi è fondamentale, ma è anche vero che serve del tempo sia a costruire le relazioni, che a renderle funzionali.

In più, non è sufficiente addestrare il personale militare dello Stato interessato senza assicurarsi che esso disponga delle adeguate dotazioni e delle giuste infrastrutture. Questo è tanto più complesso per un Paese – come l'Italia – che può permettersi di investire relativamente poco sia nella cooperazione allo sviluppo che nella cooperazione militare, lasciando spazio ad altri attori che hanno maggiore disponibilità di risorse e minori vincoli di tipo normativo.

Sono servite a qualcosa?
Nuovi approcci e nuove prospettive

In Africa, in particolare, non aiuta l'instabilità politica determinata dal susseguirsi di colpi di Stato. Tuttavia, le ingenuità dei Paesi europei non sono mancate negli anni, troppo legate a un *diktat* assai poco pragmatico che stigmatizzava chiunque fosse disposto a cooperare con regimi che avevano sovvertito l'ordine costituzionale vigente. Il Niger, in questo senso, potrebbe costituire un cambio di paradigma poiché, per avere successo e perseguire gli obbiettivi, sarà necessario interagire con chiunque si trovi al potere in quel momento, a prescindere dalla sua legittimazione a livello internazionale. Nonostante il golpe di quest'estate in cui è stato arrestato il presidente della Repubblica Mohamed Bazoum privando gli europei presenti del proprio interlocutore, i soldati italiani non si sono ritirati, sebbene appaia evidente la volontà di ripensare le strategie adottate, per evitare la tragica esperienza del Mali, dove la ritirata europea ha spianato la strada ai *competitor* (russi, in particolare).

La legittimazione internazionale è stata fino ad oggi il principale *driver* delle attività italiane fuori dai confini. In questo senso le Nazioni Unite e le missioni ad esse correlate rappresentano un quadro di riferimento ineludibile. A dire il vero, il nostro Paese contribuisce in maniera corposa solo in Unifil (in Libano), una missione che si affaccia sul Mediterraneo e che riguarda in maniera diretta anche alcuni alleati importanti, come Israele, con cui l'Italia ha una forte collaborazione. Non c'è da stupirsi del fatto che le parole del ministro della Difesa Crosetto abbiano spiazzato l'opinione pubblica quando ha paventato un potenziale ritiro del contingente italiano in Libano proprio nel momento in cui l'operazione avrebbe dovuto produrre efficacia, mentre divampava lo scontro tra Israele e Hamas/Hezbollah. Per quanto concerne le limitate partecipazioni alle altre missioni delle Nazioni Unite, esse hanno la principale funzione di confermare la legittimità del quadro entro il quale il nostro

Paese si muove e, evidentemente, non quella di produrre risultati concreti.

Le operazioni militari, se analizzate singolarmente non sempre conseguono gli obbiettivi assegnati, visto e considerato anche che, talvolta, questi sono straordinariamente superiori rispetto a quelli realmente conseguibili con le poche risorse stanziate. Stabilizzare un Paese, o addirittura creare delle istituzioni solide non è possibile con mezzi limitati e piccoli contingenti militari, ma richiede degli ingenti investimenti a livello di sistema-Paese. Il problema della scarsità delle risorse è anche il motivo per cui l'Italia per lunghi anni ha preferito partecipare a missioni multinazionali piuttosto che a quelle bilaterali, rinunciando spesso però a perseguire i propri obiettivi, accettando di appiattirsi su quelli di chi effettivamente aveva modo di investire di più.

In ogni caso, una continuativa presenza militare all'estero (anche se talvolta un po' dispersiva come si è detto) ha sicuramente contribuito significativamente al mantenimento delle condizioni di sicurezza in molte delle aree sensibili vicine, in cui è necessario un certo grado di stabilità anche per tutelare l'industria estrattiva e il sistema produttivo italiani. Il risultato maggiore ottenuto fin d'ora è forse di natura politica e riguarda la credibilità internazionale della Penisola all'interno del sistema in cui è inserita. Una magra "vittoria" molto difficile da quantificare dal punto di vista numerico e che, se non altro, può costituire una buona base di partenza. Ma pur sempre di partenza si tratta, perché ora serve iniziare a risolvere i problemi e a ponderare la azioni ragionando in prospettiva.

Sezione III

Sistema Italia

Non è un Paese
per investimenti stranieri

---

*Come troppe leggi, Giustizia lenta
e burocrazia inefficiente frenano
lo sviluppo economico italiano.*

Enrico Ceci

Risale ad agosto 2023 la notizia del possibile "dirottamento" dal Veneto alla Germania di un investimento da nove miliardi di euro da parte della multinazionale americana Intel Corporation per un nuovo impianto dedicato alla fase di microassemblaggio (*back-end*) del processo di fabbricazione dei chip. In molti l'avranno certamente considerato come l'ennesimo episodio in cui l'Italia rischia di perdere un'occasione per "avanzare" (nello stesso periodo Zaia, governatore del Veneto, rassicurava tuttavia che la trattativa era ancora viva).

Sebbene nel caso specifico sembra che il frutto della tentazione siano stati dieci miliardi di sussidi promessi da Berlino (che l'Italia non può offrire con il suo debito pubblico), non ci si può non interrogare sul "complicato" rapporto tra l'Italia e gli investimenti dall'estero.

I dati dell'*EY Europe attractiveness survey 2022* testimoniano che il Paese ha confermato nel 2021 il sentiero positivo delle iniziative di investimento da parte di imprese estere, grazie a 207 progetti di investimenti diretti esteri (Ide). Tuttavia, la quota di mercato del 3,5% (in aumento rispetto al 2% del 2020) lo posiziona ancora a grande distanza dai principali attrattori di Ide in Europa: Francia (21%), Regno Unito (17%) e Germania (14%). Da cosa può derivare un livello quattro volte inferiore a quello tedesco e ben sei volte a quello francese? La risposta è al contempo semplice e complessa.

Semplice perché l'origine di questa condizione è unicamente politica, dal momento che l'aver creato le condizioni che oggi allontanano gli investitori esteri dal Paese è una triste macchia della politica. Complessa, invece, perché tali condizioni si manifestano nei molteplici ambiti che vengono presi in considerazione dalle società (come, ad esempio, la Intel) quando devono scegliere se investire in Italia o in un altro Paese.

Si pensi solo alle leggi vigenti o approvate in Italia, passando per la lentezza della Giustizia, o alla burocrazia strutturata per qualunque fine fuorché quello di facilitare la vita dei cittadini, e a quali ricadutr questi fattori hanno sulla produttività delle imprese.

Tasse sugli extraprofitti e proibizionismo: le leggi frenano l'economia

In un momento di alta inflazione e alti tassi d'interesse, come quello attuale, non poteva mancare un provvedimento *a-là-Robin Hood*: la tassa sugli extraprofitti bancari contenuta nel *dl asset*. La rappresentazione perfetta di una politica che non si cura di garantire quella stabilità di contesto (*in primis* normativo) che gli attori economici considerano fondamentale quando prendono le loro decisioni d'investimento: la solidità delle regole del gioco del contesto in cui si troveranno a operare.

Questa prevede, dopo un emendamento del 23 settembre, l'applicazione di un'aliquota del 40% sulla differenza fra i tassi attivi e i tassi passivi delle banche (cosiddetto margine d'interesse) dell'esercizio 2023, se questa è superiore almeno del 10% a quella dell'esercizio 2021. Per esemplificare, se nel 2021 una banca ha ottenuto un margine di interesse pari a 100 euro e nel 2023 si trova ad averne conseguito uno pari a 110 euro, ecco che il 40% di quei 10 euro in più dovrà essere versato allo Stato. La legge prevede l'esenzione nel caso in cui l'istituto di credito decida di non distribuire quell'extraprofitto come dividendi fra gli azionisti, ma di destinare al rafforzamento delle riserve patrimoniali una cifra pari a due volte e mezzo l'importo che avrebbe dovuto versare allo Stato.

Non a caso la Banca centrale europea ha manifestato le proprie perplessità, invitando ad un'analisi organica e approfondita delle ricadute di questa misura, in particolare sul modo in cui questa potrebbe incidere «sulla capacità dei singoli enti creditizi di costituire solide basi patrimoniali e di effettuare adeguati accantonamenti».

Non solo, ha anche evidenziato che tale manovra potrebbe «rendere più costoso per le banche attrarre nuovo capitale azionario e finanziamento all'ingrosso, in quanto gli investitori nazionali ed esteri potrebbero avere meno interesse a investire in enti creditizi italiani che hanno prospettive più incerte».[1]

Del resto, investimento vuol dire anche questo (non solo aprire un nuovo sito produttivo come voleva fare la Intel). Perché è proprio attraverso nuovo capitale azionario che una banca (o una qualunque altra azienda) può espandersi, ridefinire e innovare le proprie attività.

L'altro provvedimento, sempre parte del *dl asset*, è quello che riguarda la "valutazione" dei prezzi dei voli. La misura è stata concepita per intervenire sulle tratte da e per Sicilia e Sardegna, a seguito dei rincari che si sono registrati nel periodo estivo, in fasi di elevata domanda o emergenza. All'incirca a metà settembre è stata modificata attraverso un emendamento che ha eliminato il tetto ai prezzi (il 200% del costo medio che ora sarà solo un indicatore di possibili irregolarità), offrendo però ampio potere d'intervento all'Antitrust nel verificare l'iniquità dei prezzi (iniquo rispetto a cosa?) e nell'intervenire attraverso «misure strutturali o comportamentali che eliminino» le distorsioni ravvisate come spiega la relazione illustrativa dell'emendamento. Il 21 settembre l'Antitrust ha avviato un'indagine nei confronti di Ryanair, «per possibile abuso di posizione dominante».[2]

Come conseguenza prevedibile di una limitazione al potere di determinazione autonoma dei prezzi Ryanair ha tagliato dieci rotte invernali (l'8%) per la Sardegna, con una riduzione da tre a due degli aerei basati sull'isola. Già Easyjet aveva invitato il governo a ritornare su quanto stabilito, poiché il decreto, secondo la compagnia, si scontrerebbe con il principio di libertà tariffaria stabilito

---

[1] *Tassa extraprofitti banche, BCE critica: chiesta analisi, ecco perché*; La Repubblica; 13.09.2023.

[2] *Dl asset, governo riscrive norma caro-voli: salta tetto a prezzi, più poteri all'Antitrust*; Sky tg24; 19.09.2023.

dalla normativa Ue, portando a un aumento del prezzo dei voli.

Anche in questo caso, l'Ue, attraverso un portavoce della Commissione europea, ha espresso il proprio scetticismo, richiedendo di ricevere informazioni più dettagliate sul contenuto della misura e ribadendo che: «La Commissione sostiene le misure volte a promuovere la connettività a prezzi accessibili, a condizione che ciò sia ovviamente in linea con le norme del mercato interno dell'Ue e mi riferisco anche al fatto che la concorrenza sostenibile con la libera fissazione dei prezzi è di solito la migliore garanzia di prezzi accessibili nei nostri mercati del trasporto aereo liberalizzati».[3]

Ecco che nuovamente sorge l'interrogativo su come l'Italia possa rappresentare una meta ambita per investimenti esteri quando un rincaro, sicuramente rilevante, viene considerato un fenomeno iniquo da combattere a colpi di decreto legge. La possibilità di volare (come quella di potersi comprare una macchina o un biglietto del treno) è un'opportunità offerta da qualcuno che fornisce tale servizio, e se il prezzo diventa inaccessibile per una parte dei consumatori, non si può gridare alla lesione di un diritto inalienabile. Le compagnie aeree private vendono i loro servizi con l'obiettivo di raggiungere la platea più ampia possibile di clienti attraverso la determinazione di prezzi in linea con obiettivi di sostenibilità economica, non con il fine di garantire a tutti il diritto al volo in aereo.

Vi è, poi, il divieto italiano all'esistenza della carne "sintetica". Il disegno di legge approvato dal Senato (addirittura con procedura d'urgenza) poco dopo la metà di luglio sancisce che gli operatori del settore alimentare (Osa) e dei mangimi non potranno produrre, utilizzare o immettere sul mercato alimenti sintetici, al fine di assicurare un livello massimo di tutela della salute umana. Ora lo attende a novembre la discussione alla Camera per la conversione in legge, ma prima dovrà essere revisionato (con possibili slittamenti) visto il mancato coinvolgimento delle autonomie territoriali e delle regioni in materia di alimentazione e salute, come previsto dalla

---

[3] *Decreto caro voli, le strategie delle compagnie aeree contro il tetto ai prezzi; Sky tg24;* 08.09.2023.

Costituzione. Nel frattempo, la presentazione della legge a Bruxelles è stata rimandata, e le motivazioni non sono molto chiare.

La revisione per non sottoporre all'Ue una proposta di legge già incostituzionale in Italia potrebbe rappresentare una giustificazione, ma il destino della stessa sembrerebbe essere già segnato. Le istituzioni europee non si sono ancora pronunciate sulla produzione di carne coltivata, ma in generale la normativa tutela il principio della libera circolazione delle merci entro i confini dell'Unione a meno che rappresentino una minaccia alla sicurezza nazionale (e non sembra essere questo il caso), di conseguenza anche il nuovo e corretto disegno di legge rischia quasi certamente di essere bocciato a Bruxelles.

Il rischio dettato da leggi di questo tipo è che la politica neghi al Paese la possibilità di cogliere qualunque opportunità di innovazione, rinunciando quindi a potenziali investimenti dall'estero che contribuiscano a renderlo un attore rilevante per il futuro di settori in ascesa.

La Giustizia troppo lenta punta sul Pnrr

L'altra nemesi con la quale gli investitori esteri devono confrontarsi quando decidono di venire in Italia è il sistema giudiziario. Già da tempo istituzioni come il Fondo monetario internazionale[4] imputano all'inefficienza e alla lentezza della giustizia la riduzione degli investimenti esteri, e più in generale di essere degli ostacoli all'attività imprenditoriale. La pandemia è intervenuta su una situazione che già il rapporto della Commissione per l'efficacia della giustizia del Consiglio d'Europa (Cepej) del 2020[5] (basato su dati del 2018) denunciava essere fra le peggiori in Europa. Il *lockdown* dei tribunali ha fatto sprofondare il *disposition time*, l'indice adottato dal Cepej –

---

[4] G. Esposito, S. Lanau e S. Pompe; *Judicial System Reform in Italy — A Key to Growth*; Fondo Monetario Internazionale; 02.2014.
[5] Commissione Europea per l'Efficacia della Giustizia; *European judicial systems* Cepej *Evaluation Report - 2020 Evaluation cycle (2018 data)*; 09.2020.

ovvero la durata media, in giorni, necessaria per la definizione di un procedimento, considerando costante la capacità di smaltimento dell'ufficio giudiziario responsabile – a livelli inferiori di quelli che si registravano nel 2014.

Se si osservano le elaborazioni dell'Ocpi[6] (Osservatorio dei conti pubblici italiani) sui dati del Ministero della giustizia emerge che nel 2020 il valore del *disposition time* si è innalzato fino a 1594 giorni (758 giorni per i tribunali e 836 per le corti d'appello), vanificando il percorso di riduzione che vi era stato dal 2014 al 2019.[7]

Ovviamente, una parte del crollo è stata riassorbita. Il recupero non è stato completo e, infatti, nel 2021 solo quattro dei tribunali civili più lenti e tre di quelli più veloci in termini di *disposition time* hanno fatto registrare dei valori uguali o inferiori a quelli del 2019. Fra le corti d'appello i risultati sono ancora più sconfortanti perché solamente una delle cinque più lente ha fatto registrare un numero inferiore al 2019.

Anche l'ultimo rapporto del Cepej del 2022[8] (basato su dati del 2020) mostra un Paese che necessita di 674 giorni per una sentenza di primo grado per cause civili, risultando ultimo in termini di *disposition time*; peggio di Francia (637), Bosnia-Erzegovina (639) e Croazia (655). Leggermente meglio per il secondo grado di giudizio: per la stessa tipologia di cause siamo penultimi (1026 giorni), seguiti solo dall'Albania (1742 giorni). Va precisato che le aggregazioni del rapporto europeo non permettono un confronto con i dati del ministero, ma i numeri rimangono pur sempre sfavorevoli.

È previsto che al Pnrr si accompagni una riforma della giustizia che modifichi le modalità di svolgimento del processo civile e penale. Entro giugno 2026 dovranno essere raggiunti e certificati i risultati quantitativi di tale riforma; per i procedimenti civili viene prescritta la riduzione che verrà misurata tramite il *disposition time*:

---

[6] L. BRUGNARA E C. ORLANDO; *I tempi della giustizia civile in Italia: gli anni della pandemia e il PNRR*; OCPI (Osservatorio sui conti pubblici italiani); 12.03.2022.
[7] Da 1508 giorni a 1242, meno 18% circa.
[8] COMMISSIONE EUROPEA PER L'EFFICACIA DELLA GIUSTIZIA; *European judicial systems Cepej Evaluation Report - 2022 Evaluation cycle (2020 data)*; 09.2022.

«Del 40 per cento dei tempi di trattazione dei procedimenti dei contenziosi civili e commerciali rispetto al valore del 2019».[9] Tale riduzione si sostanzierebbe nel passaggio da una durata complessiva dei processi di 2.512 giorni del 2019 ad una di 1.507 da entro la metà 2026.

Tali obiettivi oltre a essere perseguiti attraverso la maggiore efficacia degli uffici giudiziari rilevata negli ultimi otto anni, verranno supportati dalle risorse previste dal Pnrr stesso. In particolare, si prevede l'investimento 2,26 miliardi di euro in assunzioni a tempo determinato di figure professionali (16.500) e staff tecnico-amministrativo (5.350) per il supporto dei giudici nell'evasione di pratiche pendenti, specialmente quelle in arretrato, e per il rafforzamento dell'Ufficio del Processo, superando le disparità tra tribunali.

È Importante tenere a mente che le assunzioni previste (da effettuarsi entro giugno 2024) sono a carattere temporaneo, pertanto l'apporto che ne deriverà dovrà avere effetti sul miglioramento strutturale dell'efficienza della gestione dei tribunali, e non solo sul raggiungimento degli obiettivi del Pnrr.

Burocrazia: una difficoltà per ogni soluzione

«Il termine burocrazia deriva dal francese *bureau* ("ufficio") e dal greco *kràtos* ("potere"), e quindi significa letteralmente il "potere dell'ufficio" e, per estensione, il "potere dei funzionari". Il termine fu coniato in Francia nella seconda metà del Settecento, con un significato chiaramente peggiorativo, per denunciare il peso crescente dei funzionari pubblici nella vita politica e sociale. Tale peso sembrava configurare una vera e propria forma di governo in qualche modo paragonabile alle forme classiche della monarchia,

---

9 MINISTERO DELLA GIUSTIZIA; *Circolare 12 novembre 2021 - Piano Nazionale di ripresa e resilienza – Indicatori di raggiungimento degli obiettivi previsti dal Piano Nazionale di Ripresa e Resilienza (Pnrr);* 12.11.2021.

dell'aristocrazia e della democrazia». Questa è la spiegazione dell'origine del termine burocrazia presente sull'enciclopedia Treccani, e l'Italia di oggi la rispecchia fedelmente oltre trecento anni dopo la coniazione del termine.

L'Ufficio studi della Cgia Mestre[10] ha ricostruito l'impatto economico negativo della burocrazia attraverso le analisi elaborate dall'Istituto Ambrosetti e da Deloitte. La spesa che ogni anno le imprese sono costrette a sostenere per adempiere a tutti gli oneri normativi e burocratici è pari a 57 miliardi di euro (circa tre punti percentuali di Pil).

Uno studio dell'Osservatorio sulla semplificazione di Assolombarda Confindustria Milano e Monza Brianza[11] aiuta a comprendere ancor meglio la portata di questo fenomeno, calando i dati nella "quotidianità" delle aziende. Il peso degli oneri burocratici sul fatturato annuo delle imprese equivale al 4% per quelle di piccole dimensioni e al 2,1% per quelle di medie dimensioni. La spesa media varia dai 108mila ai 710mila euro annui e il tempo dedicato all'adempimento delle pratiche burocratiche oscilla tra i 45 e i 190 giorni di lavoro di un dipendente. La burocrazia italiana è incredibilmente complessa, oltre che lenta.

Secondo i dati più recenti del World economic forum per il decennio 2008-2018 emerge che la complessità amministrativa da cui sono gravate le imprese italiane è nettamente superiore rispetto a quella dei principali Paesi europei assimilabili all'Italia. A livello globale ci posizioniamo al 136° posto, sei posizioni più in basso rispetto a dieci anni prima.

Se si disaggrega questa analisi operando un confronto fra nord e sud della penisola, ovviamente per il Mezzogiorno la situazione risulta ancora più critica. In quest'ottica il rapporto economico

---

[10] UFFICIO STUDI CGIA MESTRE; *La cattiva burocrazia sottrae alle imprese 57 miliardi ogni anno;* 09.04.2022.
[11] OSSERVATORIO SULLA SEMPLIFICAZIONE, ASSOLOMBARDA CONFIDUSTRIA MILANO E MONZA BRIANZA; *Quanto costa la burocrazia? Osservatorio sulla Semplificazione;* 2017.

dell'Ocse[12] sull'Italia del 2017 è impietoso. Quest'ultimo segnala infatti che la produttività media del lavoro delle imprese è più elevata nelle zone con un'amministrazione pubblica più efficiente (presente per lo più al nord), mentre si verifica l'esatto opposto in presenza di un'amministrazione farraginosa (per lo più al sud). Inoltre, lo studio dimostra che l'inefficienza del settore pubblico procura maggiori costi economici alle piccole imprese (che rappresentano oltre il 90% del tessuto produttivo) piuttosto che alle grandi.

Anche in termini di percezione da parte dei cittadini, i dati sono tutt'altro che confortanti. Nell'ultima indagine condotta dalla Commissione europea su un campione di intervistati tra il 18 gennaio e il 14 febbraio di quest'anno, emerge che l'Italia si colloca al 24° posto sui 27 paesi Ue. Solo Romania, Bulgaria e Grecia registrano un livello di gradimento dell'offerta dei servizi pubblici inferiore al nostro. Una ricerca dell'Università di Göteborg[13] porta alle stesse conclusioni. Su 208 regioni europee monitorate, l'italiana più virtuosa (Provincia autonoma di Trento) si attesta alla centesima posizione, mentre la peggiore (la Calabria) si piazza alla penultima posizione.

C'è una speranza? Forse

Quanto sopra descritto sembra lasciare poco spazio alla speranza. Se da un lato la dipendenza dai decreti legge per arginare fenomeni per i quali carta e penna non bastano richiederebbe un mutamento culturale; dall'altro lato, burocrazia e giustizia (anch'esse figlie della medesima matrice culturale che alimenta la stampante degli editti) potrebbero cogliere l'opportunità rappresentata dal Pnrr.

La digitalizzazione dei processi, lo snellimento delle procedure, l'assunzione di nuove figure giovani e più professionali sono tutte misure che rientrano perfettamente nello spirito del *Next generation*

---

12 ORGANISATION FOR ECONOMIC CO-OPERATION AND DEVELOPMENT; *Oecd Economic Surveys: Italy 2017*; 02.2017.
13 UNIVERSITY OF GOTHENBURG; *European Quality of Government Index*; 2021.

Eu, concepito a seguito della pandemia per dar vita ad un'Europa capace di confrontarsi con le sfide della modernizzazione incessante e di rispondere in maniera più simmetrica al suo interno a shock esogeni di portata eccezionale.

Altri dati emersi *dall'EY Europe attractiveness survey* sembrano testimoniare che del buono ancora c'è. Nel 2021 sono stati annunciati 207 progetti di investimenti diretti esteri in Italia, con una crescita dell'83% su base annua che sembrano confermare un alto livello di fiducia nelle prospettive del Paese.

Difficile che un apparato statale nemico dell'attività d'impresa possa chiudere l'era dei tassi negativi e del *quantitative easing* che ha garantito la sopravvivenza del Paese. L'attuale periodo di alta inflazione e di tassi elevati che non si esaurirà a breve, impone un cambio di paradigma. Ancor più se si considera lo scenario geopolitico che si sta delineando. Un mondo fortemente destabilizzato (fra poco più di tre mesi saranno due anni di guerra in Ucraina) e con una globalizzazione indebolita dalla diffidenza, che forse continuerà ad erodere l'integrazione economica mondiale.

È necessario creare le condizioni per rendersi parte attiva del fenomeno di *reshoring*[14] dei settori strategici, non solo per questioni di sicurezza, ma anche per il *know-how* ad essi legato. Riuscire ad essere uno dei Paesi in cui si producono batterie o semiconduttori è fondamentale non solo per acquisire indipendenza da coloro che li producono oggi e che potrebbero diventare "ostili", ma soprattutto per lo scambio di conoscenze collegate che diverranno centrali per le dinamiche globali che si stanno delineando (si veda l'elettrificazione massiccia promossa dall'Ue) e che sarà necessario riuscire a padroneggiare. E questo stesso ragionamento vale anche per tutti gli altri settori altamente tecnologici come quello dell'intelligenza artificiale, per i quali detenere un patrimonio di conoscenze e competenze consolidato aiuterebbe ad essere protagonisti dei grandi cambiamenti che modelleranno il futuro. Dalle questioni di sicurezza internazionale, fino alla vita di tutti i giorni.

---

[14] Il contrario del fenomeno di *offshoring*. Vale a dire il rientro a casa delle aziende che avevano in precedenza delocalizzato all'estero.

I prossimi anni testimonieranno quanto il Paese sarà in grado di non disattendere le aspettative dei manager stranieri che ripongono fiducia nell'Italia. Il dover rendere costantemente conto dei propri progressi per ottenere le famose "rate" (sempre sul filo di lana) e la prospettiva di doverne restituire una parte ci manterrà su un sentiero "virtuoso" promosso da altri. Del resto, è l'unico incentivo che oggi abbiamo rispetto al passato per non lasciare alle future generazioni un Paese sempre uguale a sé stesso.

L'Italia come nuovo *hub* dell'energia europea?

La guerra in Ucraina come opportunità per fare della Penisola una tappa obbligata delle nuove rotte energetiche del Vecchio continente.

Alessandro Gorgoni

I l Covid 19 ha rappresentato una cesura, una frattura, un prima e un dopo nell'economia, nella politica e nella geopolitica. L'Italia, dopo la fase acuta della pandemia, ha conosciuto una forte ripresa economica, sostenuta dalla speranza delle ingenti risorse del Pnrr e del nuovo approccio economico dell'Ue, meno falco e più colomba. Il 24 febbraio 2022 ha segnato un'altra cesura, uno squarcio nel "velo di maya" della crescita economica spinta (drogata) dalle ingenti risorse pubbliche e nella *pax americana* che aveva evitato tanta violenza (non tutta) in Europa dopo il lungo stallo della Guerra fredda.

Alla guerra armata si è affiancata una guerra diversa, quella economica fatta di sanzioni e controsanzioni che ha riportato nelle vite degli italiani un vecchio male: la crisi energetica con annessa inflazione, che fa tanto anni Settanta. L'Europa occidentale (grossomodo l'Ue) si è scoperta dipendente dalle forniture energetiche provenienti dalla Federazione Russa, palesando la velleità delle fonti di energia rinnovabili, non ancora abbastanza mature da sostituire il *mix* energetico europeo.

Problemi allo stato gassoso

Dopo esser stata per un anno sulla bocca di tutti, la questione energetica pare essere tornata un tema di secondaria importanza nel dibattito pubblico, che si è concentrato sul caro carburanti durante le ferie agostane. Negli ultimi mesi i prezzi di gas ed elettricità sono stati molto inferiori rispetto ai picchi dello scorso agosto, quando si toccarono i 340 euro a megawatt ora (mwh) sulla piazza del *Title transfer facility* (Ttf) di Amsterdam. Secondo le stime dell Icis, nel primo semestre del 2023 il Ttf *front-month*, uno degli indici chiave per valutare il rapporto tra domanda e offerta in Europa, si è mosso intorno ai 44 euro a mwh, con una riduzione del 56%.[1] Va detto però che, buttando l'occhio al passato tra 2017 e 2021 (con il Covid 19 di mezzo), i prezzi rimangono di circa tre volte più alti alla media storica e gli effetti della crisi sono ancora chiari.

Nel pieno di questa le autorità europee e i governi nazionali sono intervenuti per regolare i mercati al fine di sopravvivere allo *shock*. Un esempio è la costituzione della una piattaforma comune per gli acquisti congiunti di gas, AggregateEu. Il meccanismo ha avuto una genesi molto travagliata, ed è nato con l'obiettivo di far valere il peso dell'intera Comunità europea rispetto ai Paesi produttori di gas, per poter ottenere volumi e prezzi favorevoli sui mercati. Una misura che ha visto la luce mesi dopo che le cancellerie europee, Italia compresa, chiedevano di incrementare le importazioni di gas naturale da Paesi alternativi. Anche la complessa vicenda della creazione di un *price cap* specifico per il gas naturale, dal valore più politico che pratico, rientra tra le iniziative europee per un maggiore interventismo sui mercati.

A livello europeo le strategie più significative sono state dirette alla riduzione dei consumi di gas nel lungo periodo. Pensiamo al *RePowerEu* del maggio del 2022, che segue quanto stabilito dal *Fit for 55*, prevedendo 116 miliardi di metri cubi (mmc) in meno di consumi, circa il 30% della domanda annuale in Ue.

Efficienza energetica ed elettrificazione nei settori industriale e residenziale sono necessari, nel disegno europeo, al taglio dei consumi di 49 mmc per il 2030.[2] A questi si aggiungono i tagli volontari dei Paesi membri, come la riduzione del 15% dei consumi (rispetto al periodo aprile 2017 - marzo 2022), che può diventare obbligatorio con decisione del Consiglio nel caso in cui vi fosse una minaccia palese riguardante la sicurezza degli approvvigionamenti.

---

[1] Icis; *Navigating choppy waters: H2 2023 outlook for European gas, power, and carbon markets*; 07.2023.
[2] Commissione Europea; *RePowerEu Plan, Annex 1, Com (2022) 230 final*; 18.05.2022.

La più ampia e strutturale riduzione dei consumi è l'obiettivo primario dell'attuale Commissione, instancabile nel sottolineare «il rischio di un ecocidio che pone una minaccia alla sopravvivenza dell'umanità», con le parole del vicepresidente della Commissione con delega al Clima e al Green Deal.[3] La Commissione vede nelle fonti rinnovabili l'unica possibilità per l'Europa di raggiungere al contempo gli obiettivi climatici e di sicurezza energetica, costruendo l'indipendenza energetica dalle importazioni di fonti fossili (provenienti da Paesi "poco affidabili"). Al netto di tutti i problemi economici collegati all'onerosità degli investimenti nelle fonti *green*, si pone con sempre maggiore insistenza il problema del costante aumento dei consumi elettrici rispetto alla stessa diffusione delle rinnovabili.

Ulteriore nota dolente nei dossier energetici europei è quella riguardante il nucleare. Salvo casi "fortunati" come Francia e Finlandia, la maggior parte dei Paesi europei non dispone di centrali nucleari o, se le ha, sono in fase di dismissione. L'attuale approccio della maggior parte dei Paesi europei e della Commissione verso l'atomo determina una sostanziale rinuncia al suo fondamentale contributo al *mix* energetico. Venendo all'Italia, nonostante l'attuale esecutivo abbia tra i propri obiettivi la realizzazione di nuovi reattori nucleari,[4] i tempi necessari per l'implementazione di impianti di questo tipo sono grandi come i capitali richiesti.

L'energia italiana al centro

Il carattere quanto mai decisivo del settore energetico si presta per edificare la base su cui l'Italia potrebbe costruire una politica sistemica, che si allarghi poi ad altri settori. Non si può negare il potenziale strategico delle infrastrutture energetiche – esistenti, o in fase

---

[3] T. BOURGERY-GONSE; *Green Deal: EU's Timmermans rules out 'break' in the green transition*; Euractiv; 04.06.2023.
[4] *Il Governo accelera sul nucleare: al via la piattaforma per la ricerca*; Il sole 24Ore; 04.09.2023.

di progettazione – a livello economico, securitario e geopolitico.

L'Italia è al centro del Mediterraneo (*Mare Nostrum*, almeno una volta), geograficamente un ponte tra Europa, Africa e Medio Oriente. Tale valore intrinseco alla geografia e alla storia del nostro Paese sembra essere stato colto dal governo Meloni, che ha dichiarato l'obbiettivo di fare dell'Italia lo snodo energetico euromediterraneo (ci si augura che ai piani seguano fatti concreti).

Alla base delle suggestioni dell'esecutivo c'è lo sfruttamento della posizione della penisola italiana, una collocazione facilmente riconoscibile come di grande valore geoeconomico e geopolitico.
Il "Piano Mattei" annunciato dal presidente del Consiglio Giorgia Meloni segue il solco tracciato dall'esecutivo Draghi, che ne abbozzò il tracciato nella fase più acuta della crisi energetica poco dopo l'invasione russa dell'Ucraina. Il governo vuole sfruttare la centralità dell'Italia nel Mediterraneo alla luce di un problema che affligge la Penisola fin dal tempo dei romani: la scarsità di materie prime, che il Paese è costretto a importare per sostenere la propria economia. Oggi, agli idrocarburi si aggiungono altri minerali e metalli più o meno rari necessari all'elettrificazione e alla decarbonizzazione, vitali per partecipare alla partita industriale e tecnologica che è alla base la transizione energetica.

Il ruolo italiano dovrebbe, in ottica strategica, superare quello di "terminale", ossia di mero punto di arrivo di rotte e infrastrutture, per passare a quello di *hub*, e cioè di snodo e smistamento, per rispondere a una domanda che superi quella della popolazione locale. Volumi molto maggiori in transito per soddisfare i fabbisogni di ampie aree geografiche, come l'Europa centrale per esempio.

Nonostante i suoi imiti, già prima della guerra in Ucraina l'Italia era un terminale energetico del gas naturale, con infrastrutture che avevano una capacità sufficiente per ricevere i volumi di gas ed elettricità necessari al fabbisogno italiano e al loro trasporto sul territorio nazionale.

La realizzazione di *pipeline* efficienti per far "approdare" e poi trasportare il metano è centrale in quanto la crisi energetica deflagrata con il conflitto ha evidenziato la vulnerabilità del sistema energetico nazionale (ma non solo), ancora troppo dipendente dal gas. Oggi circa il 40% della capacità di generazione di elettricità è costituito da impianti alimentati a gas metano, mentre il 40% del fabbisogno di gas dell'Italia, per tutti gli utilizzi (compresa la generazione elettrica), prima della guerra veniva soddisfatto dalle sole forniture russe.

Non si dimentichi, però, che l'impennata nel prezzo del gas è precedente al conflitto, che ha solo esasperato il fenomeno. Già nei mesi antecedenti all'apertura delle ostilità si registrava una certa volatilità dei prezzi, i quali hanno accelerato la loro corsa al rialzo dopo la tragica data del 24 febbraio 2022, per poi toccare il picco in agosto.[5]

Nel corso del 2022 si è palesata la necessità di sostituire in breve tempo i circa 29 miliardi di metri cubi di gas russo che l'Italia importava annualmente, principalmente via Tarvisio tramite il gasdotto Tag (Trans-Austrian Gas). A tale bisogno si accompagna necessariamente quello di infrastrutture.

I governi Draghi e Meloni hanno trovato velocemente fornitori alternativi: i carichi di gas sostitutivi a quelli russi oggi provengono da Algeria, Azerbaigian, Qatar e Norvegia, che riforniscono l'Italia attraverso i gasdotti già esistenti e/o sotto forma di gas liquefatto (Gnl). Entro il 2025 ad essi si aggiungeranno Congo, Angola, Egitto, Nigeria, Mozambico e Indonesia, le cui forniture giungeranno in Italia sempre in forma liquida. Se prima il gas scendeva dal nord, adesso questo proviene principalmente da sud, con il conseguente spostamento del baricentro energetico nella zona del Mediterraneo, ed in particolare sull'Italia, rubando il posto di *hub* del gas europeo alla Germania.

Un tale cambio di paradigma ha come presupposto la realizzazione di infrastrutture in grado di ricevere, processare e trasportare tali flussi lungo le nuove direttrici o lungo quelle già esistenti (sebbene da rinforzare per reggere maggiori flussi). Per far fronte alla

---

[5] 339 euro a mwh la quotazione del gas al Ttf (l'indice del mercato a pronti all'ingrosso della borsa di Amsterdam) e 543 euro a mwh il Prezzo Unico Nazionale medio italiano dell'elettricità.

necessità di importare grandi quantità di Gnl, Snam (l'operatore della rete italiana di trasmissione del gas) ha acquistato due rigassificatori galleggianti, entrambi con una capacità di rigassificazione di 5 miliardi di metri cubi ciascuno: uno installato a Piombino (già operativo) e uno a Ravenna (dovrebbe essere attivo per i primi mesi del 2024).

Realizzare ampie infrastrutture energetiche richiede ingenti risorse, con il rischio di non riuscire a recuperare gli investimenti sostenuti. Senza contare che con la transizione energetica e l'obiettivo dell'Ue di raggiungere la neutralità climatica entro il 2050, le grandi infrastrutture realizzate per il gas potrebbero finire sottoutilizzate.

Nel prossimo futuro (2025-2030) tutte le ricerche sono concordi nell'affermare che ci sarà una riduzione della domanda di gas tra l'11% e il 17%, a seconda dello scenario considerato, rispetto ai 789 terawatt ora del 2019. Nel decennio venturo, il periodo tra 2030 e 2040, è molto probabile un'ulteriore diminuzione della domanda di metano, nonostante esso conserverà un ruolo essenziale nel *mix* energetico. Al gas naturale fossile si stanno progressivamente affiancando quantità crescenti di gas rinnovabili: tra questi l'idrogeno contribuirebbe a sostituire una porzione consistente, sebbene non la totalità, della domanda di metano. Ebbene, è assodato che fino al 2040 il cambiamento del *mix* energetico riguarderà tanto i volumi di consumo quanto le modalità di utilizzo del gas, con la riduzione della domanda di quello utilizzato per la generazione termoelettrica e quello per usi industriali, stante la progressiva elettrificazione dovuta al maggiore ricorso alle fonti di energia rinnovabile.

Sarebbe miope chiudere alla possibilità di ulteriori investimenti infrastrutturali solo a causa della transizione verde. La necessità di infrastrutture (anche in eccesso) sarebbe giustificata non solo dalla necessità di sicurezza, consistente nella possibilità di poter diversificare i fornitori per il consumo interno in caso di *shock* geopolitici o di mercato, ma anche dall'opportunità di fare dell'Italia uno snodo energetico euromediterraneo.

Italia *hub* naturale

Che la Penisola abbia una posizione strategica nel Mediterraneo è cosa nota. Lo sapevano i romani, i bizantini, gli arabi, i francesi e gli spagnoli (e così via fino al XIX secolo). Il ruolo di crocevia del gas si inserirebbe all'interno di una sorta di "eredità storica", che consentirebbe al Paese, come detto, di superare la dimensione del mero consumatore di risorse per diventare anche intermediario e rivenditore attraverso l'importazione di volumi in eccesso rispetto al proprio fabbisogno. Percorrendo la rete italiana di gasdotti lungo la direttrice sud-nord, i grandi volumi di gas proverranno principalmente da Paesi africani e mediorientali, per poi essere dirottati verso i mercati del nord Europa.

Ciò impone la necessità di potenziarla per gestire questi eventuali flussi aggiuntivi, aumentando le capacità di ricezione, trasformazione, deposito e trasporto. Il primo beneficio di una tale iniziativa sarebbe rappresentato dal guadagno economico dell'operatore della rete di trasmissione attraverso l'incasso delle tariffe a copertura dei costi legati al servizio di trasmissione erogato a beneficio dei venditori. Essi andrebbero anche a impattare positivamente sulla collettività attraverso la tassazione degli operatori (nel caso italiano Snam).

Beneficio ulteriore sarebbe il guadagno economico determinato dal passaggio a esportatore netto (però indiretto) di beni energetici e dalla possibilità di guadagnare dalle operazioni di arbitraggio, tramite attività di compravendita o *trading*. Ancora, il beneficio economico associato alla possibilità per l'Italia e dei suoi operatori di fare leva sui consistenti volumi fisici in transito per promuovere le operazioni sulle borse nostrane del gas (Punto di scambio virtuale) e dell'elettricità (Ipex) come alternative alla borsa del gas di Amsterdam, notoriamente poco liquida e quindi volatile, e a quelle dell'elettricità tedesca (Eex), britannica (Ice) o scandinava (Nasdaq Omx). In questo modo si contribuirebbe a configurare l'Italia come *hub* finanziario (energetico), e non solo come semplice snodo o *hub* fisico. I Paesi Bassi, in particolare, hanno saputo sfruttare al meglio la posizione di *hub* finanziario europeo, facendo leva sul grande volume di metano in transito sul territorio nazionale.

Dal maggiore peso nei mercati energetici derivano i benefici geoeconomico e geopolitico. Un caso esemplare, per quanto controverso, è quello turco. Infatti, Ankara sfruttando i gasdotti *Tanap* e *Turkstream* e approfittando della necessità russa di aggirare le sanzioni occidentali, è divenuta snodo fisico e interlocutore fondamentale per il mercato energetico europeo.

Un altro caso non troppo distante e tutto occidentale riguarda la Spagna. La penisola iberica vive difficoltà a causa delle insufficienti interconnessioni trans-pirenaiche. La mancanza di infrastrutture ha anche reso inutili i tentativi spagnoli di divenire uno snodo essenziale per le forniture di Gnl.

Al contrario, può succedere anche che le infrastrutture possano essere sovradimensionate. In questo caso si possono comunque apprezzare vari elementi di mitigazione. Certamente, la possibilità di investire in tecnologie per la miscelazione del gas metano con gas verdi quali il biometano e l'idrogeno verde; rendere infrastrutture concepite per il trasporto del gas metano più versatili e utilizzabili anche per il trasporto di miscele di gas naturale-idrogeno.

In una dimensione di maggiore aderenza alle *policy* europee, la miscelazione di quantità crescenti di idrogeno con il gas metano è coerente con gli obiettivi di riduzione delle emissioni di gas a effetto serra di almeno il 55% entro il 2030 (Piano *Fit for 55*) e di aumento della produzione di energia pulita per emanciparsi dalle forniture russe entro il 2030 (Piano *RePowerEu*).[6] Di questa strategia sostenuta anche dall'Ue fanno parte l'opera di adeguamento del gasdotto *Transmed* che collega Italia e Algeria, e il progetto di interesse comune "Dorsale italiana dell'idrogeno" per il trasporto di un *mix*

---

[6] Il *RePowerEu Plan* indica una serie di interventi per favorire e velocizzare la diffusione dell'idrogeno, anche nel quadro dell'Alleanza europea per l'idrogeno e dei progetti Ipcei, miranti a supportare la realizzazione di una filiera europea dell'idrogeno.

composto da gas naturale e idrogeno verde prodotto da energia solare nel Paese nordafricano. Questo progetto fa parte di un vasto piano per la realizzazione del *SoutH2 Corridor*, che garantirebbe approvvigionamento di gas e transizione energetica allo stesso tempo.

Per realizzare una ridondanza infrastrutturale tale da soddisfare nuovi scenari di domanda e offerta, va considerato il potenziamento della "Dorsale tirrenica del gas", attraverso la posa della nuova linea *offshore* Sicilia-Campania, addizionale rispetto al potenziamento progettato per la "Linea adriatica".[7] Un altro progetto finalizzato riguarda la "Dorsale per il trasporto di idrogeno", che vedrà la nuova costruzione di sezioni per il trasporto di idrogeno sia l'adattamento dell'esistente.

Da questo quadro, complesso e indubbiamente controverso, emergono significative opportunità per l'Italia, all'interno della cornice geopolitica e geostrategica del Mediterraneo allargato. L'interscambio Italia-Africa ha toccato i 68 miliardi di euro nel 2022, grazie all'approvvigionamento energetico. L'*import* dal continente nero è costituito per la maggior parte da gas destinato sostituire le forniture russe e proviene da Algeria, Libia, Egitto, Angola, Mozambico, Gabon, Ghana e Congo. Dominato dall'energia resta anche il flusso italiano di investimenti in Africa, che negli ultimi anni sono stati diretti soprattutto in direzione dello sviluppo dell'*offshore* egiziano da parte di Eni.[8] L'opportunità per l'Italia sta nel nuovo paradigma dei flussi energetici europei, che si spostano dall'asse est-ovest a quello sud-nord. Nel breve periodo si tratterà di gas, ma in prospettiva si potranno sfruttare le enormi potenzialità delle rinnovabili africane[9] basate sul fotovoltaico. Da qui l'importanza del cavo sottomarino *Elmed* tra Tunisia e Sicilia, la prima linea di interconnessione elettrica tra il Paese africano e la Penisola.

---

[7] È prevista la nuova linea Sulmona-Minerbio, con relativa stazione di compressione per superare il collo di bottiglia della rete gas presso la cittadina abruzzese.
[8] M. Zaurrini; *Commercio, investimenti e presenza economica italiana in Africa: come sta cambiando?*; Ispi; 12.07.2023.
[9] *Meloni: promuovere un Piano Mattei per l'Africa*; RaiNews; 25.10.2022.

La piramide sotto il vertice: le criticità del sistema di governo italiano

Le problematiche profonde del processo di decision making al di là dei rapporti tra le istituzioni apicali del nostro Paese.

Davide Masciocchi

> «In Italia non esiste la verità.
> La linea più breve tra due punti è l'arabesco.
> Viviamo in una rete di arabeschi»
>
> E. Flaiano

29 gennaio 1985, la Commissione Bozzi presenta alle Camere una relazione contenente proposte per la riforma di ben 44 articoli della Costituzione, nessuna delle quali verrà mai approvata dal Parlamento. 11 gennaio 1994, nella notte della Prima Repubblica, la Commissione De Mita-Iotti esala l'ultimo peana di quel ceto dirigenziale. Tema: la riforma della seconda parte della Costituzione. Il testo non sarà mai preso in esame dal Parlamento per fine anticipata della legislatura. 9 giugno 1998, il presidente della Camera Luciano Violante annuncia in aula il venir meno delle condizioni politiche per il proseguo dei lavori della Bicamerale D'Alema. 8 novembre 2001, entra in vigore la riforma del Titolo V, fortemente voluta dal centrosinistra speranzoso di sgonfiare il vento federalista del Nord. 26 giugno 2006, la riforma costituzionale del governo Berlusconi naufraga al referendum.

Dieci anni dopo, Matteo Renzi si dimetterà da presidente del Consiglio dopo la bocciatura referendaria della proposta Renzi-Boschi. Lo scorso 31 agosto, il Fatto Quotidiano ha lasciato trapelare la prima bozza di quella che dovrebbe essere la riforma Casellati che mira ad introdurre l'elezione diretta del presidente del Consiglio. In Italia, il filo rosso che si dipana dal 1981 ad oggi è quello della ricerca di un rafforzamento dell'esecutivo e di una razionalizzazione della forma di governo parlamentare. E come suggerisce Flaiano non è un filo diritto, ma un arabesco che si snoda attorno alle vicende storiche del Paese.

La Costituzione italiana prevede una forma di governo parlamentare con bicameralismo perfetto (le due camere esercitano le stesse identiche funzioni) e con un forte controllo del potere legislativo sull'esecutivo. L'organo di governo, il Consiglio dei ministri, è collegiale e il presidente del Consiglio non è che un *Primus inter pares* tra i ministri, che esercita sì una funzione di indirizzo politico e di coordinamento, ma che non ha, in realtà, poteri fissati dalla Costituzione che gli permettano di assumere un vero ruolo di guida.[1] Per esempio, il presidente del Consiglio non può dimissionare i suoi ministri. Questo assetto fortemente sbilanciato a favore del Parlamento è figlio dell'epoca storica – il dopoguerra, ma soprattutto la fine del fascismo – in cui è nato. Soprattutto, è pensato per funzionare in presenza di un corollario fondamentale: l'esistenza di forti e strutturati partiti politici. In questo sistema, le decisioni non sono mai solamente il frutto delle scelte del governo, ma piuttosto il risultato del compromesso raggiunto tra le diverse anime del Parlamento, tanto che lo storico Scoppola ha coniato il fortunato termine di "Repubblica dei partiti".[2]

Con la crisi della prima Repubblica, il sistema di governo italiano viene definitivamente messo discussione. *In primis*, perché vengono a mancare gli attori fondamentali di quel modello, i partiti politici, intesi quali soggetti strutturati attorno ad un'ideologia e con una forte organizzazione capillare sui territori.

Già con il Psi (Partito socialista italiano) di Bettino Craxi, la forma muta da partito di massa a partito leaderistico, incentrato sulla figura del "capo", sia esso un segretario, come lo era Craxi, o un presidente come lo sarà Berlusconi. Il partito non è più macchina di organizzazione e occupazione degli spazi istituzionali del potere, strutturato e portatore di idee e obiettivi da perseguire; viceversa, diventa macchina di consenso, votata a favorire il più possibile il

---

[1] Le funzioni e i poteri del presidente del Consiglio sono stati normati solamente con la legge n. 400 del 23 agosto 1988 *(Disciplina dell'attività di Governo e ordinamento della Presidenza del Consiglio dei ministri)* quarant'anni dopo l'entrata in vigore della Costituzione.

[2] P. SCOPPOLA; *La repubblica dei partiti;* Il Mulino, Bologna, 1991.

leader alle elezioni politiche.[3]

Ne è venuto fuori un cortocircuito tra sistema istituzionale e classe politica, con il primo che rimaneva stabile e invariato, e la seconda che tentava di adattare i meccanismi decisionali alle nuove esigenze contemporanee. Con l'avvento della figura del leader di partito, il confronto elettorale si è sempre di più spostato sullo scontro tra personalità, piuttosto che sul confronto tra idee e programmi politici. Tuttavia, tale centralità nell'agone elettorale non ha però avuto un riflesso in campo istituzionale: il presidente del Consiglio, infatti, come ricordato, non è un leader ma un *primus inter pares*, comprimario per sua natura. Ne è derivata spesso una sorta di frustrazione delle aspettative quasi messianiche che l'opinione pubblica nutriva nei confronti della guida del momento. Aspettative destinate a restare insoddisfatte per via della struttura stessa del sistema istituzionale italiano.

Di qui la necessità di riformare le istituzioni e, in particolare, di conferire più poteri al vertice dell'esecutivo. C'è tuttavia un grosso rischio da tenere in considerazione. Nel dibattito sulle riforme, specie dopo il lungo elenco di fallimenti riassunto in apertura, si è ormai consolidata la tendenza a concentrarsi solo su determinati aspetti del processo di revisione costituzionale, perdendo di vista l'insieme. Il ragionamento sembra essere: posto che una riforma complessiva della seconda parte della Costituzione è difficile da realizzare, meglio focalizzare l'attenzione solo su alcuni aspetti.

I pericoli che si celano dietro questo tipo di approccio sono molteplici: primo, si rischia di giungere a risultati posticci, in cui le nuove norme non si armonizzano bene con il resto del testo costituzionale; secondo, introdurre cambiamenti al solo vertice delle istituzioni senza guardare al resto della "piramide" potrebbe non bastare a rendere più efficiente il processo decisionale in Italia.

---

[3] Per un esauriente ricostruzione dell'evoluzione storica dei partiti politici: M. WEBER, *La politica come professione*, 1919; O. KIRCHHEIMER; *Il partito pigliatutto*, 1966; A. PANEBIANCO, *Il partito professionale-elettorale*, 1982; E. KATZ ed E. MAIR, *Il Cartel party*, 1995.

Quando si parla di funzionamento delle istituzioni ci si riferisce solitamente alla forma di governo, cioè ai rapporti tra i vari organi costituzionali che, all'interno dello Stato, incarnano la ripartizione dei poteri: esecutivo, legislativo e giudiziario. Ma se si vuole avere una visione davvero esaustiva del processo di *decision making* italiano è necessario prendere in considerazione diversi aspetti della vita istituzionale del Paese, a cominciare da quello toccato dall'unica riforma costituzionale andata in porto nel 2001: la forma di Stato.

Tra federalismo e regionalismo

Per "forma di Stato" ci riferiamo qui a come un Paese organizza la ripartizione di competenze tra l'autorità centrale e le sue articolazioni territoriali. Secondo la teoria più recente, la forma di Stato può essere unitaria, federale, confederale o regionale. L'Italia repubblicana è sempre stata un modello unitario. Prima della riforma del 2001, l'art. 117 della Costituzione nominava le materie su cui le regioni avevano competenza legislativa, sottoponendole, inoltre, alla condizione di non essere «in contrasto con l'interesse nazionale» e «nei limiti dei principi fondamentali stabiliti dalle leggi dello Stato». Inoltre, prima della riforma, l'art. 127 della Costituzione prevedeva un controllo del governo sulle leggi regionali con il potere anche di rinviarle al Consiglio regionale.

Con la riforma del 2001, tale impianto viene completamente ribaltato. Il nuovo art. 117, infatti, inverte il criterio di residualità delle competenze legislative: se prima erano enumerate le competenze regionali e tutte le altre erano di competenza dello Stato centrale, adesso ad esserlo sono le competenze statali, lasciando tutte le altre materie alle regioni. La questione sembra *de lana caprina* ma non lo è. Enumerare un certo numero di competenze significa restringere il campo, limitare il potere di un ente e vincolarlo al dettato dell'articolo, mentre garantire a un ente una clausola di residualità, ne allarga gli spazi di manovra e gli ambiti di intervento.

Nel 2001 quindi, si avvia un processo di valorizzazione delle autonomie regionali che sembrerebbe traghettare il Paese verso un impianto di tipo "federale" (posto che l'enumerazione delle competenze statali è una delle principali caratteristiche dei sistemi federali).

In realtà, il modello italiano è più simile a quello del regionalismo spagnolo. Anche perché la riforma del Titolo V presenta una criticità che ne evidenzia limiti e ristrettezze e che contribuisce anche al problema del *decision making* in Italia. Questa criticità riguarda proprio la ripartizione delle competenze. Se infatti, le materie legislative fossero semplicemente divise tra "statali" e "regionali", non ci sarebbero molti problemi. Ma siamo in Italia e viviamo in una rete di arabeschi. Accanto alle competenze esclusive dello Stato e a quelle residuali delle regioni, il legislatore ha introdotto un novero di materie cosiddette "concorrenti".

Il periodo finale del comma 3 dell'art. 117 novellato nel 2001 recita: «Nelle materie di legislazione concorrente spetta alle Regioni la potestà legislativa, salvo che per la determinazione dei principi fondamentali, riservata alla legislazione dello Stato.» La prima questione che sorge con spontanea ingenuità è la seguente: qual è il confine tra principio fondamentale e norma di dettaglio? Ma non solo. Sono presenti, nel testo, diverse incoerenze e sovrapposizioni tra le competenze esclusive dello Stato e quelle concorrenti. Ad esempio, nel novero delle competenze concorrenti il legislatore ha inserito: «Istruzione, salva l'autonomia delle istituzioni scolastiche e con esclusione della istruzione e della formazione professionale»; peccato che tra le competenze esclusive dello Stato ci siano anche «norme generali sull'istruzione». Qual è il confine tra "istruzione" e "norme generali sull'istruzione"?

Si è venuta quindi a creare una certa confusione non solo all'interno delle competenze concorrenti, sulla distinzione tra principio generale e norma di dettaglio, ma anche sui confini tra le diverse tipologie di competenze. Confusione che ha impegnato a lungo la

Corte costituzionale, costretta per tutto il primo decennio degli anni 2000 – e anche per buona parte del secondo – a dirimere i conflitti di attribuzione tra Stato e regioni.[4] Il caos non ha riguardato solamente le competenze legislative. Il sesto comma dell'art. 117 stabilisce, infatti, il cosiddetto parallelismo delle funzioni: nelle materie di competenza esclusiva, lo Stato ha anche potestà regolamentare, mentre per tutte le altre materie tale potere spetta alle regioni. Per "potestà regolamentare", si intende la possibilità dell'ente di adottare i regolamenti e tutti quegli atti normativi secondari che rendono esecutive e applicabili le disposizioni contenute in una legge.

Un fulgido esempio di queste confusioni lo può fornire la pandemia da Covid 19. Alcune regioni, infatti, in determinati momenti, sono andate in ordine sparso, anche contraddicendo le indicazioni provenienti dall'alto, con esiti sia comici (se pensiamo alle intemperanze di Vincenzo De Luca in Campania) sia tragici (come la mancata istituzione della zona rossa in Lombardia).

La questione della ripartizione delle competenze tra Stato e regioni è cruciale per il corretto funzionamento della macchina decisionale del Paese. Durante il governo Meloni, si è provveduto a varare la riforma Calderoli sull'autonomia differenziata, un disegno di legge che attua finalmente il dettato dell'art. 116 della Costituzione, come riformato nel 2001. L'articolo prevede la possibilità di affidare ulteriori forme e condizioni di autonomia ad una regione previo raggiungimento di un accordo con lo Stato. La legge Calderoli disciplina l'iter di costruzione di queste intese e i limiti entro i quali lo Stato può concedere maggiore autonomia alla regione. Anche in questo caso, si è rinunciato a un ripensamento complessivo della forma di stato in Italia. Con l'attuazione dell'art. 116 si andrà sempre di più verso una prospettiva "federalista", con le regioni che avranno competenze sempre più estese, senza però costruire un

---

[4] Il Sole 24Ore ha calcolato che dal 2001 ad oggi i ricorsi portati dinanzi la Corte sulla materia sono 2.256, che equivalgono a circa la metà delle pronunce totali della Consulta. Cfr: V. Maglione e V. Uva, *Liti continue Stato-Regioni: alla Consulta 2.200 ricorsi*; Il Sole 24Ore; 15.02.2023.

architrave istituzionale che garantisca il funzionamento di un sistema federale. Ad esempio, non si è pensato di istituire una camera delle regioni che diventi il vero luogo di compensazione tra gli interessi locali e nazionali, nonché luogo di raccordo tra lo Stato centrale e le autonomie locali.[5] Né ci si è posti la domanda su come coordinare queste riforme di ispirazione federalista con la forma di governo.

Il modello ministeriale in Italia

In questo tentativo di esaminare non solo gli aspetti apicali del sistema istituzionale italiano, ma anche i vari gradoni che compongono la piramide del governo, non si può non dedicare attenzione a quanto accade alle amministrazioni che rendono esecutive le leggi approvate dal Parlamento, ovvero i ministeri. Ciascun dicastero è una struttura amministrativa complessa la cui caratteristica principale è quella di essere la cinghia di trasmissione che mette in collegamento la volontà politica con l'apparato amministrativo che la dovrà trasformare in decisioni operative e attuabili.

Il ministro è colui che si occupa, in primo luogo, di fornire l'indirizzo politico alla struttura che sovrintende, e si assume la responsabilità politica delle proprie decisioni. La legge 400 del 1988 prevede due modi per organizzare i ministeri: per "dipartimenti" o per "direzioni generali". Nel primo caso, il ministro si rapporta direttamente con i capidipartimento che svolgono un ruolo a cavallo tra la dimensione politica e quella burocratico-amministrativa. Nel secondo caso, invece, è prevista la figura di un segretario generale, che funge da raccordo tra il ministro e i direttori generali.

---

[5] Uno dei nodi principali è quello relativo alla creazione di una "camera regionale" che funga da raccordo tra lo Stato centrale e le regioni. Attualmente questa funzione viene svolta, quasi in maniera informale, dalla Conferenza Stato–regioni, che però è priva di un vero e proprio riconoscimento costituzionale e le cui funzioni sono piuttosto limitate.

Valutare il funzionamento dei ministeri è un compito assai complesso. Si può partire da un dato crudo, e cioè il numero di decreti attuativi che essi devono ancora adottare per rendere esecutive le leggi del Parlamento. Basandoci sul report del Dipartimento per il programma del governo della Presidenza del Consiglio dei ministri, pubblicato il 30 giugno 2023, l'attuale governo ha varato solamente il 16,6% dei decreti attuativi previsti nei primi mesi di attività. A questo *stock*, si deve sommare un'eredità di 521 provvedimenti ancora da attuare che viene dalla scorsa legislatura (governi Conte I, Conte II e Draghi).[6] Basandoci su questi dati, si evidenzia sicuramente un ritardo nell'attuazione delle normative. D'altro canto, non si può non tenere in considerazione che le leggi approvate dal Parlamento, o i provvedimenti del governo, richiedono un crescente numero di decreti attuativi, ingolfando gli apparati ministeriali.

Da considerare anche il sottodimensionamento del personale dei ministeri. Uno studio del sindacato Flp ha messo a confronto i dati dei vari Piao (piani di fabbisogno delle pubbliche amministrazioni) con i dipendenti realmente assunti dai dicasteri, riscontrando, in media un ammanco di personale di circa il 35%, con vette del 50% in alcuni ministeri come l'Istruzione o la Giustizia.[7] A mancare non sono solamente, come si sente spesso, figure tecniche, ma anche e soprattutto funzionari e dirigenti. Una riprova di questa scarsità di personale è data dal fatto che sempre più ministeri sono soliti appaltare l'attuazione di intere misure a grandi società di consulenza per sopperire alle carenze del proprio organico.

Ma la criticità più acuta che si registra nel funzionamento dei ministeri riguarda il rapporto tra indirizzo politico e vertice amministrativo. In Italia vige il principio della separazione tra politica e amministrazione, secondo il quale la politica deve occuparsi esclusivamente di fornire l'indirizzo politico all'amministrazione, che

---

[6] Presidenza del Consiglio dei Ministri; *Terza relazione sul monitoraggio dei provvedimenti legislativi e attuativi*; 30.06.2023.

[7] R. Amato; *L'allarme. Negli uffici pubblici manca un lavoratore su tre*; La Repubblica; 21.02.2023.

invece si occupa della sua gestione. Tale separazione è rimasta sempre sulla carta. Al fine di esercitare un controllo più stretto sugli apparati amministrativi, la politica ha sempre tentato di infiltrarsi nei gangli dell'amministrazione attraverso nomine, concessioni di incarichi, favoritismi ai vari funzionari. Sull'altro versante, l'amministrazione è sempre stata accomodante nei confronti della politica proprio nella speranza di ottenere quei favori. La situazione è tornata ad aggravarsi quando è stato introdotto lo *spoil system* nel 2002, con la cosiddetta legge Frattini, la quale stabilisce la cessazione automatica degli incarichi di alta e media dirigenza nella pubblica amministrazione passati 90 giorni dalla fiducia al nuovo esecutivo. Tale disposizione è stata poi mitigata da una pronuncia della Corte costituzionale che ha stabilito che tale sistema non possa infrangere lo spazio riservato all'indipendenza della pubblica amministrazione (generalmente, quello legato all'attività della stessa), limitando quindi lo *spoil system* solo alle posizioni apicali ed escludendo la media dirigenza ed i vertici delle società pubbliche.

La scarsità di personale, la presenza di funzionari nominati non per meriti ma per interesse politico, la mancanza di indipendenza dell'amministrazione, il ricorso a società esterne per portare avanti provvedimenti che altrimenti rimarrebbero impantanati nei cassetti delle scrivanie dei funzionari pregiudicano l'efficacia dell'attività dei ministeri. La sovrapposizione di più livelli di governo (enti locali, regioni, Stato centrale), aggravata inoltre dal sempre più ampio ruolo che le istituzioni sovranazionali (Ue) giocano nel processo di *decision making*, contribuisce a indebolire le capacità decisionali dell'esecutivo italiano. Se a tutto questo si aggiunge il fatto che in Italia gli esecutivi – un po' per il sistema istituzionale, un po' per la debolezza degli attori politici – sono ontologicamente instabili, si ottiene un quadro piuttosto allarmante.

Un processo decisionale così farraginoso e instabile rischia di diffondere l'immagine di un Paese che non è in grado di prendere decisioni, con conseguenze sul piano internazionale. *In primis*, il rischio che l'Italia venga percepita come non in grado di rispettare i propri impegni come, ad esempio, con il Pnrr.

Il secondo rischio è che tale debolezza interna infici la postura italiana a livello internazionale: come può un governo occuparsi dei dossier esterni se le sue energie sono per lo più spese per restare in sella? Se si vuole provare a migliorare il processo decisionale in Italia è necessario pensare ad una riforma complessiva di tutto il sistema di norme che riguardano il governo in Italia: dalle disposizioni costituzionali, alle leggi sul funzionamento dei ministeri; dalla riforma elettorale alla ripartizione di competenze tra i diversi enti territoriali. Per uscire dalla rete di arabeschi, senza correre il rischio di tesserne altri.

Sezione IV

Questione di cultura

Oltre bellezza e turismo: Lo Stivale alla ricerca del suo *soft power*

*Il "potere morbido" italiano
è relegato a bellezze naturali e turismo.
Coglierne il senso geopolitico per evitare
di trasformarsi in museo senza più spettatori.*

Michele Ditto

«**S**iete la nave più bella del mondo». Sopravvive tuttora in queste parole, pronunciate nel 1962 a largo del Mediterraneo dalla portaerei statunitense Uss Independence al veliero Amerigo Vespucci, la cifra dell'italianità contemporanea. Rimarcata nell'espressione dantesca "Bel Paese", fino alla meno poetica locuzione *"Open to Meraviglia"*, coniata dal ministero del Turismo per promuovere il nostro patrimonio artistico, l'Italia affida ancora oggi all'incomparabile bellezza che la distingue il suo biglietto da visita.

Il 1° luglio 2023 la nave scuola Vespucci è salpata dal porto di Genova con l'intento di navigare per 20 mesi e fare tappa in oltre 30 porti in 28 Stati, onorando in ogni momento l'appellativo affibbiatogli dalla Uss Independence, e con il quale anche la portaerei Uss George H. W. Bush le si rivolse l'anno scorso dopo sessant'anni dal primo episodio. La missione del veliero sarà quella di farsi ambasciatore del *made in Italy* e della cucina italiana, che il governo di Giorgia Meloni vuole proporre come patrimonio immateriale dell'Unesco.

Agli inizi del XX secolo, anche il premio Nobel per la pace e presidente degli Stati Uniti Theodore Roosevelt progettava, per la *Us Navy*, un giro del mondo via acqua, ma portatore di un messaggio alquanto diverso. Nel 1907 svariate tonnellate di diplomazia salpavano dalla regione di Hampton Roads, nella Virginia sudorientale, per circumnavigare il globo.

La spedizione prese il nome di "grande flotta bianca" per via del colore del naviglio, composto da sedici corazzate organizzate in quattro divisioni navali. Non volevano rappresentare la cucina statunitense, benché meno la bellezza delle sue metropoli, ma la tempra e l'assertività di una superpotenza embrionale.

Mezzi simili, diverse istruzioni per l'uso. Il parallelismo diventa il caso studio di due opposte modalità attraverso cui raccontarsi all'estero. Una narrazione che salpa da due porti differenti: atto d'incanto nel primo caso, di soggezione nel secondo.

La potenza necessita di attrazione

«La cultura americana si irradia verso l'esterno con un'intensità vista l'ultima volta ai tempi dell'Impero Romano».[1] Nei primi momenti del XXI secolo l'editore tedesco Josef Joffe raccontava così il *soft power* statunitense che, a detta sua, superava addirittura le risorse economiche e militari di Washington.

Parlava innanzitutto del cosiddetto "universalismo americano", promotore di democrazia e diritti umani per tutti, ma anche della celebre *American way of life* impregnata di cultura prevalentemente *pop* fatta di cinema *hollywoodiano*, *Graphic Novel*, *Hip Hop* e *Rock n'Roll*. Tendenze che hanno raggiunto e conquistato buona parte dei cuori e delle menti oltreoceano. Una riuscita che la cultura italiana, composta d'arte sofisticata e marchi di lusso, quindi meno avvezza al costume popolare, ha centrato parzialmente.

Anche il politologo statunitense Joseph S. Nye, l'ideatore stesso del termine *soft power* a inizio anni Novanta, ne riconosceva l'assoluta importanza negli affari tra Stati. In particolare, lo definiva come l'abilità di influenzare gli altri per ottenere i risultati desiderati attraverso l'attrazione piuttosto che la coercizione o la promessa di prebende. Uno scenario in cui l'invisibilità degli elementi immateriali offusca la consistenza di quelli tangibili.

Riconosceva, inoltre, la sua relativa inefficienza se non accompagnato da un'adeguata potenza militare ed economica; così che il fine ideale a cui ambire avrebbe dovuto essere lo *smart power*, ovvero un amalgama di attrazione e coercizione latente, quello che la *Great White Fleet* rappresentava perfettamente secondo il parere di Roosevelt. Anche lo strumento della propaganda avrebbe dovuto

---

[1] J. S. NYE; *Public Diplomacy and Soft Power*; The Annals of the American Academy of Political and Social Science; n. 1/2008; p. 96.

supportare il raggiungimento di tale meta, ma non avrebbe potuto funzionare se non basandosi anch'esso su valori solidi e realmente presenti all'interno del patrimonio culturale dello Stato che se ne faceva vece.

Restava però nel pensiero di Nye il fatto che tutti questi elementi di per sé non fossero sufficienti. Il principio imprescindibile di un *soft power* vincente doveva essere la credibilità, ovvero ridurre al minimo qualsiasi rischio reputazionale, che se convertito in danno avrebbe irrimediabilmente inquinato il buon nome di uno Stato.

Il clamoroso discredito statunitense a seguito dell'infondatezza circa il possesso di armi di distruzione di massa da parte del regime di Saddam Hussein dopo l'invasione dell'Iraq, e le torture nel carcere di Abu Ghraib, rappresentano per il politologo americano uno dei costi più alti pagati da Washington in termini di reputazione, in quanto perse in un attimo anni di frenetica promozione dei pilastri del suo mandato internazionale: dal rispetto dei diritti umani, alla risoluzione pacifica delle controversie.

È così che nell'attuale configurazione globale americanocentrica, dove la guerra è formalmente bandita, il *soft power* acquista una rilevanza smisurata. Dalla firma nel 1928 del Patto di Parigi di rinuncia alla Guerra (detto anche Trattato di Briand-Kellogg), poi umiliato nei suoi propositi dal secondo conflitto mondiale, sempre meno decisori politici hanno pensato alla guerra quale strumento per ottenere vittorie, e sempre più alla capacità della propria nazione di ammaliare le altre.

Tra le componenti dello *smart power*, il *soft power* figura come il più complesso da ottenere, in quanto non rappresenta una semplice voce di spesa da inturgidire d'investimenti. Al contrario, è facoltà di una nazione svilupparlo con le giuste manovre politiche, che accompagnino e non prescindano un'alta e precisa idea di sé e dell'oggetto del proprio desiderio.

Da radio Bari a *Il Giornalino* di New York

Quando si (mal)pensava ancora grande potenza, Roma visse i momenti più arditi della propria autopromozione all'estero. Dapprima riuscì in pochi anni a dilapidare un *soft power* accumulato in secoli di storia. Dalla guerra italo-turca (1911) al giro di valzer preannunciato da Bernhard von Bülow, Roma perse molta della sua influenza nei popoli che abitavano le sponde del Mediterraneo, dacché trasformò in guerra aperta le relazioni con l'allora impero ottomano. Il "malato d'Europa", che però manteneva un ascendente estremamente ampio in tutto il mondo arabo e un'ingombrante presenza nel Mediterraneo orientale.

Costantinopoli era tremendamente influenzata dalla cultura italiana, tanto che il Trattato di Küçük Kaynarca del 1774, che cedeva ai russi importanti territori lungo il bacino del Mar Nero, fu redatto nella lingua dove il sì suona, che oltre a essere stato l'idioma più diffuso tra i turchi, era veicolo della diplomazia con le potenze cristiane da parte del califfato. In particolare, nel ricco Chedivato d'Egitto la cultura italica, oltre a dominare navigazione e commerci, era radicata nella burocrazia pubblica, e quando fu occupato dagli inglesi nel 1882, i diplomatici di sua maestà rilasciavano attestati e passaporti proprio in lingua italiana.

Fu in questo modo che Roma, da sempre destinata per pura geopolitica al Mediterraneo, perse richiamo con le genti che lo circondavano causa fervore nazionalista, che mostrò solo più tardi il suo prezzo a un Paese che voleva farsi impero a tutti i costi. Così, terminata la stagione irredentista, l'Italia del fascio tornò ad affacciarsi sui mari rivieraschi, provando in qualche modo a recuperare il *soft power* perduto. La Sublime Porta non c'era più, al suo posto Francia e Inghilterra. Iniziava allora la competizione con le potenze liberali per l'egemonia mediterranea.

Nel tentativo di vincere i cuori degli arabi, il 24 maggio del 1934 venne inaugurata radio Bari, il primo emittente radiofonico europeo a trasmettere in lingua araba da una sponda all'altra del Mediterraneo. Semplice propaganda volta al discredito dell'agenda coloniale anglofrancese in Medio Oriente. Risorse scarse, due ore di programmazione giornaliera, tanti programmi culturali eurocentrici e *speaker* improvvisati con competenze linguistiche dubbie. Il farsesco tentativo fascista non andò a buon fine. Carenze strutturali sopradescritte, ma soprattutto errori nell'intendere lo stesso concetto di "potere morbido", che mancava del più fondamentale dei suoi requisiti: la credibilità. L'agenda imperialista di Roma cozzava inevitabilmente con la sua propaganda anticoloniale. Lungi dall'essere degli sprovveduti, gli arabi comprendevano che i toni pan-arabisti erano in realtà vuota retorica volta a danneggiare Londra e Parigi più che a sostenere i movimenti nazionalisti arabi nelle loro rivendicazioni.

Coevo al progetto di radio Bari, nasceva nello stesso anno a New York nella casa italiana dell'Università di Columbia *Il Giornalino*, diretto dal giornalista e scrittore Giuseppe Prezzolini: di gran lunga un'operazione d'influenza culturale più riuscita dell'emittente radiofonico pugliese. La rivista a cadenza mensile era rivolta agli italo-americani affinché non perdessero il contatto con la patria di provenienza, dato che, secondo le parole di Prezzolini, si è un «buon americano perché buon italiano»; ma anche a chiunque si avvicinasse all'apprendimento della nostra lingua, che veniva presentata come funzionale, in quanto parlata da una nazione sempre più progredita e importante a livello mondiale.

Il primo numero compare nel gennaio del 1934 e si configura subito come un supporto agli insegnanti d'italiano, in quanto sono presenti numerosi esercizi e letture, tra cui poesie e brani di celebri autori italici. Tuttavia, la linea editoriale impostata da Prezzolini era pensata soprattutto per far conoscere la nuova realtà italiana negli *States*. Resoconti elogiativi di Mussolini – «promotore della nuova colonizzazione romana in Libia» (1934, n. 6) – della sua politica estera – «saggia, leale e realistica» (1934, n. 7) – e del suo impegno al mantenimento della pace in Europa – comparivano spesso nella piccola rubrica in prima pagina intitolata "brevi notizie d'Italia e d'America". Per di più, rispettivamente nel terzo e decimo numero del 1934, venivano presentate la politica italiana di larga tolleranza nei confronti degli ebrei, che «non soffrono alcuna ostilità della pubblica opinione» (1934, n. 6); e gli ottimi rapporti tra Roma e Washington, suggellati dalla firma di Roosevelt circa il riconoscimento federale della festività del *Columbus Day*, che «sta anche a significare che le relazioni di amicizia e di collaborazione tra l'Italia e l'America risalgono al 1492» (1934, n. 10).

Come ricorda Roberto Dolci: «L'insegnamento di una lingua e l'educazione in generale sono sempre stati uno strumento efficace per esercitare il *soft power*»,[2] e la scelta dei materiali didattici altrettanto. Dunque, facendo presa sul fascino che l'Italia esercitava al tempo in America, *Il Giornalino* ne offriva un'immagine curata e predeterminata, certamente modellata dal fascismo a scopi propagandistici.

Con la fine della guerra gli sforzi dell'Italia di porsi quale polo alternativo alle potenze liberali svanirono nella sua irrilevanza di potenza sconfitta, con uno Stato da ricostruire dalle fondamenta. L'attrazione accumulata faticosamente si ridusse a un mero senso di colpa e solo con il miracolo economico degli anni Sessanta, quindi la diffusione del turismo di massa e la nascita del rinomato *made in Italy*, Roma riuscì a ritornare nel novero delle potenze ammalianti.

Il *soft power* italiano tra eccellenze e insufficienze

La creatura di Giuseppe Prezzolini era solo una piccola trave dell'impalcatura diplomatico-culturale fascista. Con un regio decreto, nel 1925 era nata l'Università per gli stranieri di Perugia.

---

[2] R. DOLCI; *L'uso della propaganda nell'insegnamento dell'italiano: Il Giornalino diretto da Giuseppe Prezzolini a New York, 1934-1943*; Forum Italicum; n. 1/2018; p. 88.

L'ateneo sorse su iniziativa dell'avvocato Astorre Lupattelli, che già quattro anni prima istituì dei corsi per promuovere la cultura italiana nel mondo.

Nel 1927 all'interno del ministero degli Affari Esteri sbocciava invece la Direzione generale degli italiani all'estero, volta a tutelare i connazionali disseminati in tutto il globo. Nel frattempo, l'anno precedente venivano fondati i celebri istituti italiani di cultura. Ai giorni nostri se ne contano 84, ciascuno impegnato a promuovere il nostro Paese all'estero attraverso l'organizzazione di conferenze, spettacoli e corsi di lingua e cultura italiane. Eppure, nonostante la loro importanza, oggi queste strutture scontano profonde mancanze di fondi e personale.

Dagli anni Novanta, le risorse destinate agli istituti sono diminuite del 20%, e oggi ammontano a circa 12 milioni di euro l'anno. Numeri inferiori a quelli dell'Institut Français e dell'Instituto Cervantes, e irrisori se comparati a quelli dell'Inghilterra, che finanzia il British Council con 150 milioni di sterline l'anno. Dal lato del personale la situazione è la stessa. Per fare un esempio, all'Istituto italiano di cultura a Monaco lavorano cinque persone, mentre all'institut Français e all'instituto Cervantes della stessa città rispettivamente 19 e 20.

Nonostante queste mancanze, tuttavia, il Bel Paese continua a mantenersi nella fascia alta delle classifiche. Un sondaggio dell'agenzia inglese di consulenza politica Portland datato 2019 attesta l'Italia, con il punteggio di 71.58, all'undicesimo posto in una lista di trenta Paesi per influenza nel mondo.[3] I punti di forza appaiono insipidi per quanto intuitivi: i paesaggi, l'architettura e lo stile di vita, oltre alla rinomata cucina.

Tra le debolezze spicca invece l'annosa instabilità politica e l'eterna questione meridionale. Per le medesime ragioni la rivista inglese Monocle pone l'Italia dodicesima nella sua classifica del 2018/2019, e la società di consulenza inglese Brand Finance nona

---

[3] PORTLAND; *The soft power 30*; consultato il 15.09.2023.

nel suo *Global soft power index 2023*, dimostrando così una percezione media sufficientemente coerente.

A occupare il primo posto in quasi tutte le classifiche è invece la Francia, che accompagna un'alta idea di sé a delle risorse adeguate e a un apparato diplomatico d'eccellenza e radicato nella storia. È infatti con grande perspicacia per l'epoca che nel 1883 Parigi istituisce l'*Alliance français*, così da recuperare il prestigio perduto dopo la sconfitta nella guerra franco-prussiana. L'istituzione è attiva ancora oggi nel promuovere la lingua e la cultura francese all'estero, e conta numeri impressionanti: 1.072 sedi in 135 Paesi.

Non da meno anche gli Stati Uniti, eccellenti in ogni classifica. Oltre ai motivi già indagati, vi è soprattutto una costante azione di mantenimento del *soft power* acquisito. Grazie al sistema educativo americano, fino a oggi più di 700mila persone, inclusi 200 capi di governo, hanno partecipato a scambi culturali e accademici. Tra questi Anwar Sadat, Helmut Schimdt e Margaret Thatcher. Inoltre, Washington da l'esempio di come anche il comparto militare in tempi di pace possa contribuire ad accrescere il *soft power*. L'*International military education and training* (Imet) è, ad esempio, una sorta di *exchange program* militare promosso dal Pentagono che coniuga addestramento e lezioni teoriche su democrazia e diritti umani.

Messo a confronto con i suddetti sforzi, l'impegno italiano degli ultimi anni appare piuttosto scarso. Tuttavia, il 1° gennaio del 2022 è nato in seno al Maeci la Direzione generale per la diplomazia pubblica e culturale. Stando alle parole del sito del ministero: «Nasce con l'obiettivo di rendere il *soft power* italiano uno strumento sempre più efficace d'influenza».

Sicuramente un passo in avanti, ma che non adegua il Bel Paese agli standard degli altri Stati realmente in gioco per l'influenza globale. Quello che occorre davvero è una diversa e rinata consapevolezza degli italiani come nazione.

Oggi, Roma appare come una bella donna, ma senza alcun corredo caratteriale degno di nota, che fa leva solamente sulle sue caratteristiche innate. In principio può affascinare, ma col tempo la bellezza si tramuta inevitabilmente in vecchiaia.

Un museo che rischia di rimanere senza spettatori

L'Italia fatica ancora a elaborare un messaggio più ambizioso con cui affacciarsi fuori dal cortile di casa. Complice la classe politica. La rappresentazione dell'italiano medio all'estero, spesso vittima di caricature alquanto scortesi, passa spesso per gli impacci politici che colpiscono la Penisola. Come necessità c'è anche quella di investire maggiori risorse nella diplomazia culturale, promuovendo soprattutto la lingua italiana, con un occhio di riguardo ai Paesi dell'America latina, così vicini al canone italiano.

L'estetica è un ottimo punto di partenza, ma lo Stivale non può vivere in eterno di rendita storica e paesaggistica. La gastro-diplomazia va bene, ma l'Italia non può ridursi alla sua cucina, tra l'altro mal esportata anche quella, visto che solo nel 2016 si è tenuta la prima settimana della cucina italiana nel mondo. Gli altri Paesi che puntano sulla propria cucina organizzano questo tipo di eventi da ben prima (la Francia, ad esempio, adotta una strategia di diplomazia culinaria da più di due secoli).

Dal lato delle collettività africane, nonostante la (tarda) partecipazione dell'Italia allo *scramble for africa*, esse non guardano a Roma con lo stesso livore con cui osservano Parigi, e questo è un vantaggio. In Niger la giunta golpista di Abdourahamane Tchiani non ha condannato l'Italia, che pur manteneva, inseriti nella più ampia missione francese, un ristretto numero di militari nel Paese. Il nome di Enrico Mattei, ex presidente dell'Eni, ha ancora una grande presa sui popoli africani, soprattutto in Algeria, tanto che il governo Meloni ha battezzato "piano Mattei" il progetto che dovrebbe far ricomparire Roma sulla trascurata quarta sponda.

La bellezza attira, affascina, ma poi stanca. La storia dell'Italia non è solo quella passata, ma soprattutto quella presente e futura.

Continuare a tagliare traguardi significativi è la formula per il successo, sia dentro che fuori gli stretti confini nazionali. È fondamentale, tuttavia, non rimpiangere, ma semmai prendere ispirazione da ciò che la Penisola è stata. In altre parole: l'imperativo è continuare a stupire. Perché, se davvero «il Bel Paese, fra i massimi produttori di storia al mondo, si riduce a museo»,[4] allora potrebbe rischiare di rimanere senza spettatori.

---

[4] L. CARACCIOLO; *Si prega di bussare alla porta*; Limes n. 7/2023; p. 23.

Le onde agitate del Mediterraneo, croce e delizia d'Italia

La sicurezza della Penisola si decide tra i flutti dei mari che la bagnano, dove potere militare ed economia blu si fondono insieme. Anche qui, incombe lo spettro di Ankara.

Leonardo Venanzoni

Che il mare sia un elemento vitale per l'Italia è innegabile, e basterebbe anche solo un rapido sguardo ad una cartina per capire il perché. Tanto più che, come disse una volta un famoso marinaio, «Il mare scopre tutto ciò che hai fatto di sbagliato». Questo perché le onde provano chiunque, e anche un piccolo errore o una minima svista possono generare danni irreparabili per chi attraversa i flutti, sia esso un solitario navigante in *tour* o una poderosa flotta da guerra. Ogni dimenticanza e negligenza si moltiplica incontrollabilmente sotto l'azione impietosa del mare. Questo concetto si applica tanto alle navi e agli equipaggi, quanto alle questioni geopolitiche e ha un impatto maggiore su tutte quelle nazioni che dal mare, e nel mare, vivono la propria storia di collettività.

Già il famoso ammiraglio Alfred T. Mahan, ormai più di un secolo fa, aveva riconosciuto la peculiare situazione dell'Italia in relazione al mare: lambito per gran parte della sua estensione dalle acque, l'allora Regno d'Italia traeva dall'"elemento blu" la sua più grande forza, ma anche la sua principale debolezza. Senza una barriera geografica netta e con la gran parte delle sue coste che si prestano facilmente ad uno sbarco, l'Italia di allora, come quella di oggi, necessita del controllo totale del suo mare per allontanare dal suo territorio i pericoli che giungono dal Mediterraneo. Allo stesso tempo, però, essendo incuneata al centro di uno specchio d'acqua comunque limitato e "controllabile", la Penisola ha anche l'opportunità di giocare un ruolo chiave nelle dinamiche geopolitiche della regione. Il viaggio in nave tra una costa e l'altra del Mediterraneo non è lungo, e questo è sia un aspetto positivo, che un aspetto negativo: il mare è un corridoio privilegiato per lo spostamento di persone, merci e influenza geopolitica, ma se non viene sfruttato a dovere può diventare una vulnerabilità.

In sostanza, sosteneva Mahan, l'Italia o domina il mare, e con esso le varie coste del Mediterraneo, o ne viene dominata. Non esiste una via di mezzo.

L'Italia unitaria non ha mai avuto il dominio reale del Mediterraneo e questa condizione le è costata cara in passato: durante la Seconda guerra mondiale il mancato controllo delle onde segnò la fine della capacità bellica italiana e fu proprio dal mare che giunsero gli Alleati. Sempre dal mare iniziò l'invasione del Paese. Le truppe Anglo-americane riuscirono a guadagnare le coste e una volta sbarcati il destino militare dell'Italia fu segnato. Traslando questo discorso ai giorni nostri, possiamo notare come la situazione non sia poi tanto diversa rispetto al periodo in cui scriveva Mahan e quanto la condizione generale del Paese non sia cambiata.

L'Italia si trova dunque in una condizione poco invidiabile: nata per navigare, vista la sua conformazione geografica, si trova costretta a doverlo fare, e a doverlo fare nel modo giusto, per non esser danneggiata dal suo stesso vantaggio geopolitico. Tuttavia, il Bel Paese ha da sempre un rapporto ambiguo e altalenante con l'elemento, preferendogli spesso la più rassicurante e calma terra. Il risultato di questa negligenza è sempre stato, come è evidente, nefasto.

L'economia blu e il sistema portuale italiano

Quando si cerca di analizzare l'impostazione di un Paese rispetto al dominio marittimo uno dei primi punti da prendere in esame è sicuramente quello economico. Insieme a quello militare e a quello culturale, il settore economico/industriale è infatti determinante per comprendere non solo le potenzialità e la rilevanza del mare per una nazione, ma anche la direzione che una collettività ha impresso al proprio sviluppo. L'Italia non è un'eccezione in tal senso. L'economia blu vale per il Bel Paese, secondo quanto evidenziato agli Stati Generali delle Camere di Commercio sull'economia del mare qualche mese fa, circa 150 miliardi di euro. In questo settore operano 220mila imprese – per un totale di quasi un milione di occupati – molte delle quali vitali per l'ecosistema industriale italiano. I collegamenti commerciali instaurati da questa filiera legano il Paese a colossi industriali ed economici come gli Stati Uniti e la Cina e espandono l'influenza geopolitica nazionale fino alle coste dell'Africa e del Medio Oriente.

Per quanto riguarda la rilevanza strategica, poi, è impossibile non evidenziare quanto i collegamenti marittimi siano fondamentali per il corretto funzionamento dell'intera filiera produttiva nazionale. L'Italia, infatti, importa dal mare gran parte dei prodotti detti "semilavorati", vale a dire quei prodotti intermedi che necessitano di una successiva lavorazione prima di poter essere commercializzati. È chiaro che senza questa importante fonte di approvvigionamento le sue industrie – in particolare quelle chimico-farmaceutiche e quelle metalmeccaniche – sarebbero pesantemente danneggiate. Questo rende la capacità di mantenere aperte le linee di collegamento commerciale provenienti dal mare una priorità nazionale, vista l'importanza dei settori in questione.

Alla necessità d'importare prodotti semilavorati per mantenere attive alcune filiere produttive va poi aggiunta la necessità di continuare ad approvvigionarsi via mare per le risorse energetiche necessarie alla sopravvivenza di un Paese moderno e fortemente energivoro. Viste anche le conseguenze della guerra in Ucraina e la ritrovata centralità del gas naturale liquefatto (Gnl), che già prima del conflitto copriva più del 10% del totale consumato in Italia, è evidente quanto sia fondamentale conservare i canali marittimi aperti e sicuri. Per farlo, però, serve pianificazione strategica e visione di lungo periodo, entrambe cose spesso assenti in Italia. In più, per poter sfruttare al meglio l'economia del mare servirebbero anche porti abbastanza grandi, per esempio come quelli di Valencia e del Pireo, e infrastrutture logistiche all'altezza delle potenzialità di un Paese posto al centro di alcune delle più importanti rotte commerciali del mondo.

Tristemente, l'ecosistema portuale italiano è decisamente svantaggiato rispetto ai suoi *competitor* mediterranei. L'Italia è una nazione unica al mondo dal punto di vista delle infrastrutture portuali: lungo i suoi quasi 8mila chilometri di costa si possono contare più di 500 porti disposti in maniera piuttosto uniforme lungo il territorio, determinando una densità infrastrutturale che può contare un porto ogni 13.5 chilometri circa. Una delle più alte del pianeta.

L'origine di questa peculiare concentrazione è dovuta alla storia del Paese, per gran parte del suo passato frammentato in piccoli Stati e città indipendenti, ciascuna con il proprio porto e la propria infrastruttura cantieristica.

Tuttavia, la presenza di tanti piccoli porti genera al giorno d'oggi una serie di problematiche legate principalmente alla natura stessa del *business* marittimo, ovvero l'incapacità di competere con i grandi colossi portuali di altre nazioni per via dell'eccessiva frammentazione e della scarsa ampiezza dei siti di attracco. Questi porti, inoltre, sono spesso inseriti a ridosso dei centri storici delle città, e sono quindi difficili da ampliare. Fino a qualche anno fa, poi, questi agivano in scarso coordinamento gli uni con gli altri e ciò provocava una poco efficiente gestione delle tipologie di carichi lavorabili dai diversi siti. Molti porti contigui lavoravano le stesse tipologie di prodotti, provocando un vuoto per quanto riguardava altre tipologie di carichi, le quali non riuscivano a trovare porti di attracco adeguati alle proprie necessità.

Con il decreto legislativo n. 169 del 4 agosto 2016 sono state create le cosiddette Autorità di sistemi portuali (Asp), ovvero entità organizzativo-burocratiche con il compito di gestire in maniera congiunta tutti i porti di una data area geografica, così da offrire un panorama più diversificato dal punto di vista commerciale e una migliore pianificazione strategica. L'idea è stata quella di coagulare una serie di porti, così da ovviare almeno parzialmente il problema della taglia e della dispersività delle infrastrutture. Una delle Asp più importanti, quella del Mar Ligure Occidentale – che comprende i porti di Genova, Savona e Vado Ligure – può sviluppare complessivamente un volume di traffico sufficientemente diversificato e molto più competitivo sul piano internazionale, rispetto ai singoli porti.

I porti italiani, tuttavia, continuano a non competere con altri scali mediterranei. Gli enormi scali di Tangeri, Algeciras e Valencia continuano a dominare il traffico marittimo, nonostante la posizione centrale del Bel Paese. Anche il porto di Gioia Tauro, forse l'unico vero porto in grado di accogliere gli enormi carichi delle portacontainer moderne, rimane molto indietro rispetto agli scali greci, spagnoli e marocchini.

Il grande scalo calabrese paga infatti lo scotto di una posizione non proprio ideale, visto che si trova relativamente distante dalle rotte interoceaniche delle gigantesche *motherships*, e ha un collegamento stradale e ferroviario non all'altezza della sua importanza. Per queste ragioni il volume di container movimentati annualmente lavorati dal porto di Gioia Tauro risulta molto inferiore ai suoi *competitor* mediterranei.[1]

È evidente che l'impatto di queste dinamiche portuali incide in maniera determinante sullo sviluppo dell'economia del mare italiana. Senza un sistema di porti efficiente, efficace e ben collegato con l'entroterra, qualunque sviluppo del settore non può che restare irrimediabilmente limitato, danneggiando lo sviluppo sia economico che geopolitico dello Stivale. Sia in termini di produzione industriale che per quanto riguarda la capacità d'approvvigionamento, l'Italia dipende dal suo mare, ed è dal mare che trae una parte consistente della sua ricchezza.

Tuttavia, l'aspetto economico è solo uno dei tanti elementi che contribuiscono a determinare il posizionamento di una nazione rispetto al dominio blu. Altrettanto determinante è infatti come uno Stato sceglie di combattere sulle acque.

---

[1] Circa la metà rispetto ai porti di Tangeri, di Algeciras, del Pireo e di Valencia. Cfr. M. DEANDREIS, A. PANARO, O. FERRARA; *Maritime Scenario in the Mediterranean: Analysis of the Competitiveness and Investments of the Major Logistics Players*; Iai; 05.2022.

La Marina Militare, gloria o cruccio?

Le popolazioni veramente *marittime* non distinguono il dominio dei flutti in termini economici e militari, poiché entrambi gli elementi sono tanto intimamente connessi da risultare praticamente inscindibili. Del resto, la guerra sull'acqua si fa, quasi sempre, per garantirsi la possibilità di commerciare lungo quelle "autostrade del mare" che collegano i vari continenti del pianeta. Le marine militari di ogni tempo hanno solcato il mare per conquistare nuovi porti, nuovi mercati, nuove risorse, sottraendoli di rimando ai propri avversari.

Da ciò deriva la naturale conclusione che, irrimediabilmente, da una Marina forte non può che sorgere un dominio economico del mare altrettanto forte. Tuttavia, è vero anche il contrario: senza una Marina adeguatamente preparata e numerosa, una potenza economica che si basi sul commercio navale non può che essere, letteralmente, in balia delle onde. Le grandi arterie marittime passano per stretti strategici, i famosi "colli di bottiglia", vitali per il commercio globale, potenzialmente ostruibili da Nazioni nemiche e senza la capacità di controllarne accessi e interdizioni una collettività non può sperare di prosperare sulle onde. Questo discorso è stato vero per l'Impero britannico di una volta quanto lo è oggi per quello americano, ad esempio.

L'elemento militare del dominio marittimo di una nazione richiede dunque un'attenzione particolare da parte di tutti quei popoli che vivono a ridosso del mare, ancor di più per quelli che ne sono circondati. L'Italia non fa eccezione a questa regola.

Tuttavia, la Marina Militare italiana risulta essere, tra le tre branche delle forze armate nazionali, la più modesta in termini di organico, addirittura più contenuta dell'aeronautica. Anche a fronte dell'aumento del personale deciso negli ultimi due anni, che vede la Marina essere la seconda per numero di nuovi assunti, l'arma blu resta comunque piuttosto contenuta.[2]

È evidente che questo stato di cose risulta essere piuttosto strano per un Paese circondato per tre quarti dal mare e confinante lungo il suo limitare terrestre solo con Nazioni amiche. Il pericolo per l'Italia di oggi può arrivare solo dal mare e, nonostante questo, la linea di difesa navale, che, come abbiamo visto, è fondamentale per un Paese come l'Italia, resta in secondo piano rispetto alle altre branche delle forze armate. Le minacce che il Paese deve affrontare oggi non sono di un'entità tale da mettere in crisi il nostro dispositivo navale ma non è detto che nel futuro ciò non possa cambiare.

Non che la Marina Militare Italiana sia effettivamente sguarnita di buoni mezzi, perché non lo è. Questa dispone di ottimi mezzi, come per esempio le Fregate Fremm, considerate alcune delle migliori navi del mondo, o i sottomarini diesel-elettrici classe "Todaro". Per di più, l'arma blu ha una lunga e valida tradizione militaresca ed è indubbio che disponga di ottimi marinai. Tuttavia, il punto critico della Marina italiana è che dispone di *troppi pochi* ottimi mezzi e di *troppi pochi* ottimi marinai, considerando anche il mutato panorama geopolitico.

In questo senso è necessario fare un paragone tra le forze navali italiane e la visione strategica che ne sottende l'utilizzo, e quelli del principale rivale strategico della Penisola nel Mediterraneo, ovvero la Turchia. Fin dal 2011, infatti, la Turchia di Erdogan ha cominciato un intenso programma di rinascita navale volto ad espandere sia la capacità delle proprie forze navali, tramite l'acquisizione di nuove unità, sia ad allargare la portata geopolitica delle stesse in varie zone del *Mare Nostrum*. Questa rinascita della cosiddetta "Patria Blu" del popolo turco dovrebbe, secondo la visione del Presidente, portare Ankara a creare «un *continuum* turco» che si estende dalle coste dell'Anatolia al Mediterraneo centrale. Quest'espansione permetterebbe alla Turchia di «risiedere il più vicino possibile al Canale di Suez, ai mari adiacenti e di proiettarsi nell'Oceano Indiano», arrivando dunque a controllare una fetta importante dello spazio

---

[2] C. Rossi; *Difesa, ecco come il Governo aumenta il personale delle Forze armate"*; Start Mag. 07. 2023.

di mare in cui si muove anche l'Italia.[3]

Per raggiungere questo ambizioso obiettivo i turchi hanno iniziato una serie di programmi piuttosto avanzati volti a dotare il Paese di un dispositivo navale decisamente rilevante sia in termini di organico che di mezzi. Il popolo turco non è mai stato particolarmente versato nell'arte della navigazione, sebbene la Marina ottomana fosse comunque tutt'altro che risibile, e il progetto della nuova "Patria Blu" parte da delle fondamenta che sono saldamente ancorate a terra. Ciononostante, grazie ad una chiara visione geopolitica e strategica, il governo di Ankara ha deciso di forzare lo spirito del suo popolo imponendogli di prendere il mare.

Oltre ai problemi di natura culturale il governo turco si è anche trovato a dover affrontare le molte carenze della sua arma blu, dotata di mezzi per lo più antiquati anche se numerosi. La flotta turca dispone infatti di un buon numero di *asset*, 16 fregate e una dozzina di sottomarini convenzionali, ma molti di questi hanno almeno vent'anni di vita e si tratta di mezzi ormai superati.

Negli ultimi anni, tuttavia, i progetti navali della Turchia non si sono fatti attendere ed Ankara ha provveduto alla creazione di una serie di mezzi, come le Corvette classe *Ada* e le fregate leggere classe *Istif*, in grado di compensare almeno in parte le carenze tecnologiche della sua flotta. Con il varo della nuova Tcg *Anadolu*, una portaelicotteri/portadroni destinata a diventare il cuore della nuova Marina turca, le capacità nazionali in campo navale hanno subito un balzo di qualità e, ad oggi, la flotta sembra rinata dalla stagnazione in cui si trovava solo un decennio fa.

Per coprire le mancanze della propria cantieristica nazionale i turchi non hanno esitato a cercare partner esterni in grado di fornirgli i mezzi necessari alla rinascita navale, come dimostra il caso, per esempio, dei sei avanzati sommergibili U-214 che Ankara intende costruire sulla base di una licenza tedesca. Tramite il doppio sviluppo della propria cantieristica e della propria flotta i turchi stanno dunque ponendo le basi per la trasformazione da potenza

---

[3] A. Peyronnet; *Turkish ambitions in the Mediterranean: towards an acceleration of naval frictions with Europe?*; Fmes; 07.2020.

prettamente tellurica a potenza marittima.

Questo stato di cose dovrebbe, evidentemente, impensierire l'Italia. Una Turchia che si reinventi nazione marinara è un rischio ed un attacco diretto non solo agli attori che con Ankara condividono uno spazio di mare, si pensi a Cipro e alla Grecia, ma anche per chi, come Roma, ha interessi esistenziali sull'altra sponda del Mediterraneo. Tramite l'espansione marinara, infatti, la Turchia cerca d'inserirsi nei contesti geopolitici africani e mediorientali così da costruire delle solide basi su cui ancorare il controllo del Mediterraneo orientale e centrorientale. In questo senso va letto, per esempio, il forte attivismo turco in Libia, snodo fondamentale per controllare non solo il Golfo della Sirte ma anche tutto lo spazio di mare che va dall'Italia alle coste africane. In quel teatro gli interessi italiani e turchi collidono, così come si scontrano anche nei Balcani e in Africa.

Tuttavia, queste considerazioni non generano nel Bel Paese una reazione energica. Mentre Ankara si prepara per il grande balzo nel mare, l'Italia attende e si muove come ha sempre fatto, senza rendersi conto delle mutate condizioni geopolitiche regionali. Il fatto che sia una potenza *terrestre* a costituire un pericolo geopolitico per la Penisola la dice già lunga sulla nostra capacità di intercettare le minacce o anche solo comprenderle mentre si sviluppano. La Turchia è riuscita a trasformarsi in una nazione semi-marittima senza che in Italia ci si accorgesse, almeno a livello pubblico, di ciò che stava succedendo.

Il problema fondante in questo caso, però, è sempre lo stesso: l'Italia non si aspetta di dover combattere e, soprattutto, non si percepisce in grado di avere un'influenza marittima sul mondo e quindi non presta attenzione a queste rivoluzioni geopolitiche. È ovviamente impossibile accorgersi che la Turchia si va affermando come potenziale minaccia se non si considera nemmeno lontanamente plausibile l'esistenza, in generale, di minacce. L'Italia non combatte e non proietta influenza e quindi non concepisce che qualcuno possa fare diversamente e non si accorge quando questo accade. Il problema è dunque legato alla visione che il Bel Paese ha di sé, del mondo, e del funzionamento di quelle dinamiche che regolano la vita delle collettività.

Un problema di visione, non di cultura

Nel passato remoto, le popolazioni che hanno abitato la Penisola hanno navigato i flutti con un certo livello di efficacia. Fin dall'epoca dei romani la posizione centrale dell'Italia, unita alla facilità di navigazione delle acque limitrofe e all'enorme vantaggio concesso dalla vicinanza delle altre coste del Mediterraneo, ha sempre concesso ai popoli stanziati in Italia la possibilità di espandersi e arricchirsi tramite il mare.

L'economia marittima italiana è ancora oggi centrale per il Paese e comunque ben sviluppata, così come la Marina militare che ne protegge i commerci. Ad uno sguardo rapido si potrebbe quasi affermare, come fecero in effetti qualche anno fa Michael Tanchum e Dimitar Bechev sulle pagine del *Foreign Policy*, che l'Italia sia in possesso di una sorta d'impero commerciale mediterraneo.[4] Eppure, non è così o, meglio, non propriamente.

L'Italia solca le acque in maniera automatica, quasi inconsapevole. Le sue linee commerciali attraversano il globo ma senza essere realmente conscia di ciò che questo significhi. La sua Marina militare è ben equipaggiata, ma è troppo piccola per intervenire autonomamente in caso di gravissima crisi. Tuttavia, il Paese nella sua interezza non concepisce la possibilità che ciò accada. E questo anche in un periodo storico in cui la violenza tra gli Stati è tornata al centro della vita di molti. Del resto, come scrisse quasi un anno fa Andrea Margelletti sulle pagine del *Messaggero*, «C'è una guerra navale non vista. Noi ci focalizziamo sull'Ucraina, ma ci sono oltre 12 navi russe più i sottomarini nel Mediterraneo, in grado di colpire

---

[4] D. Bechev, M. Tanchum; *Italy's Mediterranean Belt and Road*; Foreign Policy; 01.2021.

obiettivi non soltanto in Ucraina ma anche dalle nostre parti».[5] Ma per l'Italia di oggi lo strumento militare è al massimo un elemento utile per la diplomazia, per "mostrar bandiera", e non è *concepito* come realmente utile per salvaguardare l'integrità e la sicurezza nazionale. Almeno non nel senso che intendono molte altre Nazioni più attive in senso geopolitico.

Il problema dell'Italia, quando si parla di dominio marittimo, e non solo, è un problema di *visione* e di *percezione di sé*. Il Bel Paese non si crede potenza, non si crede inserito in un gioco a somma zero per il controllo geopolitico della sua regione di riferimento e quindi non presta attenzione a certi aspetti di natura strategica. Non pianifica le sue mosse in maniera da vincere la partita tra le grandi Nazioni del mondo, né tanto meno pensa a come non perdere. L'Italia si percepisce direttamente estranea a questo gioco, quasi fosse unicamente osservatrice passiva degli eventi. Il suo grande peso geopolitico derivante dal mare è frutto quasi esclusivamente della sua favorevolissima posizione e del talento marinaresco del suo popolo, non di una chiara visione strategica. L'Italia domina, per così dire, il Mediterraneo centrale senza sapere di farlo.

Questo stato di cose è evidentissimo quando si guarda al dispositivo bellico marittimo, ed è altrettanto evidente quando si osserva lo stato dell'economia blu. Del resto, la decisione d'impostare una Zona Economica Esclusiva, strumento importantissimo di controllo delle acque è cosa decisamente recente. Il fatto stesso di aver vissuto per più di quarant'anni senza che questo dispositivo venisse considerato in maniera seria la dice piuttosto lunga sullo stato della pianificazione strategica nazionale.

Anche senza una chiara visione del suo futuro e del suo posto nel mondo, tuttavia, l'Italia mantiene la sua centralità geografica nel mezzo di uno dei mari più importanti del mondo. Ma questa centralità, possibilmente foriera di grandi opportunità geopolitiche, diventa una gravissima vulnerabilità se non viene sfruttata a

---

[5] M. VENTURA; «*La bomba atomica? È possibile. Putin può attaccarci anche dal Mediterraneo*»: *l'allarme del presidente del Cesi*; Il Messaggero; 10.2022.

dovere. E per poterla sfruttare l'Italia dovrà non solo tornare a navigare, cosa che sa fare benissimo, ma dovrà anche sapere verso dove impostare la sua rotta. Smettere di essere in balia del mare per divenirne padrona è uno dei destini plausibili della Penisola. Basterebbe solo avere una qualche idea di cosa fare dei doni che la geografia ha offerto al Paese e, soprattutto, avere quanto meno un'idea generale non solo di *cosa si vuole* ma anche di *chi si è*. Come dimostra il caso cinese, del resto, prima ancora di essere *effettivamente* una grande potenza c'è la necessità di credersi tale.

La soluzione ai problemi marinari italiani passa prima per la riflessione sulle ben più radicate questioni identitarie aperte nel Bel Paese.

«*Magna parens virum*»: le opportunità della diaspora italiana nel mondo

Roma deve valorizzare i 250 milioni di "italici" che abitano al di fuori della Penisola. Gli expat come ponte verso il mondo.

Stefano Dal Canto

«Salve terra di Saturno, grande madre di frutti e di uomini»[1] scrive in età augustea il poeta latino Virgilio, rivolgendosi a quella terra che già allora era chiamata Italia e percepita come una realtà a sé nell'insieme dei territori sottoposti al dominio di Roma. Due millenni più tardi, si stima che il numero degli individui qualificati come italiani sfiori i 60 milioni, e che almeno altrettanti siano gli italo-discendenti – i cosiddetti oriundi – anche in virtù dell'importante storia di emigrazione che ha caratterizzato il Bel Paese dal momento della sua unificazione. D'altro canto, oggi tale diaspora comprende anche quanti negli ultimi anni hanno lasciato l'Italia per cercare migliori opportunità lavorative all'estero. Qualcuno particolarmente ottimista arriva addirittura a contare 250 milioni di "italici".

Eppure, in un mondo pieno di italiani, l'Italia fatica a far sentire la propria voce. Quella che potrebbe sembrare una contraddizione è in realtà la conseguenza di una mancata valorizzazione del legame, non solo culturale, che unisce Roma con le numerose comunità di lingua o cultura italiana sparse per il globo. Le strategie di *diaspora engagement* finora sviluppate da numerosi Paesi sono varie, e non c'è dubbio che in futuro la capacità di valorizzare questi rapporti sia destinata ad acquistare una centralità sempre maggiore in un mondo che va definendosi progressivamente come multiculturale e interconnesso. Pertanto, è necessario che Roma proietti il proprio sguardo all'infuori dei confini angusti della Penisola per trovare un modo di cogliere le vantaggiose opportunità offerte dal dialogo con le molte Italie fuori dall'Italia.

---

[1] Cfr. Verg. *Georg.* II.173: «*Salve magna parens frugum, saturnia tellus, magna virum*».

Il fenomeno degli *expat*

Due Paesi che nel tempo sono riusciti a fare dei propri *expat* un potente strumento di proiezione nel mondo e rafforzamento del *soft power* sono sicuramente la Turchia e la Cina. Ankara ha intuito da tempo le opportunità offerte dalla propria diaspora in termini di pressione rispettivamente su Berlino e Bruxelles, motivo per cui ha deciso di stringere la presa attorno agli oltre tre milioni di cittadini turchi (o di origine turca) residenti in Germania, aggiungendo una seconda leva a quella migratoria. Questi ultimi sono arrivati dopo la Seconda guerra mondiale, quando l'economia della Germania ovest necessitava l'apporto di molta manodopera a basso prezzo. Il processo di integrazione, tuttavia, non ha mancato di presentare attriti, soprattutto all'indomani della caduta del muro, quando i turchi sono entrati in contatto con la realtà estremamente omogenea – almeno dal punto di vista etnico – della Germania Est.

Ad oggi si può dire che Ankara sia complessivamente riuscita nel proprio intento, cioè quello di rafforzare l'identificazione tra i membri della diaspora e la madrepatria. Ciò è stato possibile grazie all'attuazione di una serie di strategie: dal conferimento del voto all'estero ai cittadini turchi all'utilizzo strumentale di diverse associazioni più o meno legate al governo centrale, come l'Unione turco-islamica per gli affari religiosi (Ditib) e Visione nazionale (*Milli Görüs*). La prima gestisce moschee, imam e insegnanti in tutto il mondo. La seconda è un'organizzazione islamista e nazionalista in seno alla quale è nato il Partito della Giustizia e dello Sviluppo, oggi guidato da Recep Tayyip Erdoğan. Anche i servizi segreti vengono impiegati per esercitare un controllo sulla diaspora, soprattutto per raccogliere informazioni sui dissidenti politici e i curdi emigrati. Oggi Ankara si trova nella posizione di poter imporre la propria visione della Turchia sia in patria che all'estero: infatti, l'Unione Europea non ha mai imposto alla Turchia un regime sanzionatorio particolarmente forte a causa della dipendenza da quest'ultima relativamente a determinati dossier, come quello migratorio, mentre Berlino non preme per il timore delle conseguenze che azioni antiturche susciterebbero in ambito di politica interna. Uno degli episodi più emblematici a tal proposito si è verificato nel 2018 in occasione dell'apertura a Colonia della più grande moschea della Germania, gestita da Ditib ma finanziata da Ankara; il presidente Erdoğan, che si trovava là in visita di Stato, è stato accolto con il gesto della mano tipico degli ultranazionalisti di destra conosciuti come Lupi Grigi, suoi noti sostenitori; questo fatto ha suscitato non poche preoccupazioni presso i politici tedeschi, che sono stati portati a domandarsi se Ditib non iniziasse ad assomigliare più a una vera e propria organizzazione politica che al sempice riferimento religioso della comunità islamica locale.

Anche la Cina ha ben chiaro il valore posseduto dalla propria diaspora, come rivelano i ripetuti appelli del presidente cinese Xi Jinping alle comunità cinesi sparse per il mondo, e in particolare agli studenti, energicamente esortati ad agire come ambasciatori della Cina all'estero e a partecipare da lontano al ringiovanimento della nazione. Pechino ha messo in atto una serie di iniziative per attingere dalla diaspora capitali e tecnologie da utilizzare in Cina, nonché per riportare in patria i giovani talenti. Inoltre, allestisce ogni anno una serie di incontri con le comunità e le associazioni di cinesi all'estero al fine di mantenere saldo il legame che li unisce alla madrepatria. Una delle istituzioni più rilevanti in materia è il Dipartimento Centrale per il Fronte Unito; tra i suoi compiti figura la protezione dei diritti e degli interessi dei cittadini cinesi all'estero, ma anche la gestione di eventuali operazioni di rimpatrio. Operazioni come Sky Net o Fox Hunt sono salite agli onori della cronaca negli ultimi anni a causa di presunti tentativi di Pechino di riportare in patria dissidenti politici, avvalendosi anche dell'aiuto di una rete informale di spie disseminate sul territorio con il compito di silenziare le voci critiche. Risale all'aprile scorso la notizia secondo cui a New York due individui sarebbero stati arrestati con l'accusa di aver messo in piedi una stazione di polizia clandestina concepita precisamente con queste finalità.

Gli italiani nel mondo

Fin dalla metà dell'Ottocento, l'esodo degli italiani all'estero ha assunto dimensioni esorbitanti: si stima che tra il XIX e il XX secolo oltre 30 milioni di italiani abbiano lasciato il Paese alla ricerca di migliori opportunità di vita. Storicamente, l'andamento dei flussi in uscita dal Paese ha presentato due principali momenti di intenso sviluppo, e cioè l'inizio del XX secolo e l'immediato secondo dopoguerra, tra le macerie di un'Europa da ricostruire.

La prima ondata migratoria si diresse principalmente verso il Nuovo Mondo (soprattutto Brasile e Argentina, ma anche Nord America) e fu alimentata in egual misura dalle regioni dell'Italia settentrionale e meridionale; la seconda si svolse soprattutto ma non esclusivamente all'interno dell'Europa e fu agevolata da una serie di accordi bilaterali tra Stati, siglati proprio per aumentare la mobilità dei lavoratori (è il caso del Belgio e della Francia, ma anche di altri Paesi non europei come Argentina, Brasile, Uruguay e Australia).

Gli anni Settanta rappresentano il momento in cui, anche in virtù della crisi petrolifera, gli Stati europei cambiarono drasticamente le proprie politiche migratorie, e i flussi cambiarono direzione. Nel 1973 il numero degli espatri scese sotto quello dei rimpatri per la prima volta nella nostra storia unitaria. Tuttavia, anche a causa della crisi economica originata a partire dal 2008, nel nuovo millennio si è verificata una nuova inversione di tendenza: secondo i dati del Rapporto Italiani nel Mondo 2022, promosso dalla Fondazione Migrantes, dal 2006 al 2022 la mobilità italiana è aumentata dell'87%. Al tempo stesso, rispetto al passato l'emigrazione odierna si inserisce in un contesto di mobilità globale, fatto di rapidi viaggi, migrazioni circolari con partenze e ritorni, brevi soggiorni di lavoro o di studio.

I cittadini italiani iscritti all'Anagrafe degli Italiani Residenti all'Estero (Aire) al 1° gennaio 2022 erano 5.806.068, il 9,8% degli oltre 58,9 milioni di italiani residenti in Italia. Attualmente la comunità più numerosa di italiani all'estero è quella argentina (che sfiora il milione di membri), seguita da quella tedesca, svizzera, brasiliana e francese. Questi numeri, sicuramente rilevanti su scala nazionale ma su scala globale, assumono tutt'altro valore se incrociati con quelli della diaspora italiana.

Gli italo-discendenti

Secondo il rapporto Migrantes 2011, gli italo-discendenti sono stimati attorno agli 80 milioni, più degli abitanti dell'intera Penisola.[2] D'altro canto, occorre procedere con cautela nel momento in cui passiamo a valutarne la cosiddetta "italianità"; infatti, la storia degli italiani emigrati è una storia di grande successo in quanto a integrazione, nonostante la vulgata che li voleva rumorosi, eccentrici, e soprattutto individuabili in ogni contesto. Proprio per questo motivo, molto spesso i loro discendenti non parlano italiano e attraverso i racconti dei familiari più anziani ereditano soltanto una memoria sbiadita dell'Italia, magari aggiornata alla situazione di anni o decenni fa.

Sarebbe un errore, inoltre, spiegare il processo di integrazione unicamente alla luce di una spiccata malleabilità di fronte alla cultura e al tessuto sociale dei Paesi di destinazione. Tra le motivazioni per cui molti emigrati hanno progressivamente reciso le radici con il BelPaese, un ruolo rilevante è giocato dall'atteggiamento della classe dirigente italiana all'epoca delle grandi migrazioni a cavallo tra XIX e XX secolo. Come ricorda lo storico Riccardo Giumelli, questa si voltò dall'altra parte nella convinzione che lo Stato dovesse occuparsi degli italiani in Italia e che la mobilità migratoria fosse un

---

[2] FONDAZIONE MIGRANTES; *Rapporto Italiani Nel Mondo 2011*. Inoltre, come dichiara Mario Giro in un'intervista a Limes del 2014, all'epoca sottosegretario agli Affari Esteri, per dimensioni è la seconda diaspora al mondo dopo quella cinese.

fenomeno spiacevole correlato al sottosviluppo del Paese, addirittura da nascondere sotto il tappeto: tradiva, infatti, l'immagine dell'Italia che si voleva propagandare all'estero, cioè quella di uno Stato-nazione perfettamente al passo con i tempi e totalmente in grado di competere con le altre potenze occidentali.[3]

Un'ulteriore considerazione può essere fatta a partire dal caso dell'Argentina, storica meta dell'immigrazione nostrana. Sebbene si tratti del Paese con il maggior numero di persone con la cittadinanza italiana, non è raro che queste né parlino italiano né tantomeno siano mai state in Italia; al tempo stesso, dimostrando le origini italiane, fanno domanda della cittadinanza per poi viaggiare e lavorare facilmente in Europa. Un secolo fa la migrazione fu concentrata soprattutto a Buenos Aires (dove ha dato luogo a modi di parlare che testimoniano la chiara influenza dell'italiano, come il *cocoliche* o il *lunfardo* dalla parola italiana "lombardo"), ma è difficile parlare di comunità italiana dato che le origini italiane riguardano una fetta larghissima della popolazione. Infatti, oggi si stima che più della metà della popolazione argentina abbia origini italiane; quasi tutti hanno almeno un cognome italiano.[4]

Con tali premesse, comprendere per quale motivo, per esempio, la lingua italiana non si sia affermata in Argentina, risulta difficile facendo riferimento esclusivamente a un paradigma nazionale, trascurando in questo modo la dimensione locale e regionale dell'emigrazione. La sociologa italo-americana Donna Gabaccia ritiene più corretto parlare di emigrati d'Italia che di emigranti italiani o di italiani all'estero, e questo perché, almeno fino al primo conflitto mondiale, nella maggior parte dei casi questi non si pensavano ancora italiani in senso moderno, ma toscani, genovesi, siciliani, torinesi.[5] L'Italia aveva mancato l'appuntamento con la modernità, fallendo

---

[3] R. Giumelli; *L'Italia compie 150 anni. E gli italiani? Una riflessione sul senso di appartenenza, sull'identità e sull'insuperata asimmetria tra Italia e italiani*, in AA.VV.; *Il ritorno della politica? Uno sguardo sull'Italia*; University Press, Firenze, 2011; pp. 61-62.

[4] M. Graziano; *Italia senza nazione?*; Donzelli, Roma, 2007.

[5] D. R. Gabaccia; *Emigranti. Storia della diaspora italiana dal Medioevo a oggi*; Einaudi, Torino, 2000.

nella costruzione di un forte Stato nazionale in senso westfaliano, fondato cioè sull'idea di popoli nazionali e sulla coincidenza tra Stato e nazione. [6] Di qui la famosa frase attribuita a D'Azeglio, secondo cui, fatta l'Italia, sarebbe stato necessario fare gli italiani.

Molti emigranti non conoscevano la lingua italiana, ma parlavano esclusivamente le varietà regionali e locali con l'effetto che difficilmente avrebbero potuto comunicare con gli italiani provenienti da altre regioni. Così veneti e liguri in Sud America preferivano parlarsi in spagnolo, anziché apprendere una lingua terza, l'italiano, che evidentemente avrebbe dato le stesse difficoltà di una lingua straniera. Questo non implica che l'idea di italicità non esistesse fino a quel momento: anzi, di italiani si parlava da molto tempo prima dell'Ottocento, in qualità di comunanza di percezione e di costumi che non affondava le radici nello Stato-Nazione, bensì nella cultura del Rinascimento, nell'apertura cosmopolita delle corti cinquecentesche, in quella universalistica della Chiesa di Roma. Tali elementi si riflettevano negli atteggiamenti degli italiani all'estero, in una continuità ideale che trascende gli avvenimenti del 1861.

Pertanto, molti emigrati mantennero comunque abitudini e tradizioni che percepivano come italiane e in generale un ricordo della Penisola impregnato di nostalgia. Oggi, nonostante molti italo-discendenti non parlino affatto la nostra lingua, sentono comunque le proprie radici italiane come un tratto imprescindibile della propria identità. Quello italiano non è un paradigma esclusivo: non si costruisce sul preconcetto che o sei italiano o sei qualcos'altro. È questo legame a rendere preziosi gli oriundi per Roma ancora oggi. A tal proposito, un notevole punto di forza della diaspora italiana nel mondo è la distribuzione geografica in zone di grande interesse geopolitico: dal cuore dell'impero americano, a grandi Paesi emergenti come il Brasile e l'Argentina (il primo attuale e il secondo probabile futuro membro dei Brics), per non parlare dell'Australia. Negli Usa le stime sul numero degli italo-discendenti oscillano tra i 17

---

[6] R. Giumelli; *Lo sguardo italico. Nuovi orizzonti del cosmopolitismo*; Liguori, Napoli, 2010; p. 49.

e i 25 milioni, ed è proprio qui che si registrano i casi più famosi di celebrità affermatesi a livello internazionale la cui origine è italiana: da Frank Sinatra a Madonna passando per Martin Scorsese.

L'obiettivo dovrebbe essere il passaggio a una politica dell'influenza che riunisca e coordini gli emigrati italiani, i loro discendenti e le rispettive comunità locali (da New York a Buenos Aires). Un buon punto di partenza potrebbe essere il repertorio delle associazioni italiane nel mondo, curato dal ministero degli Esteri. Il tessuto associativo degli italiani all'estero è piuttosto ricco (si contano oltre 5000 associazioni, spesso su base regionale o religiosa), ma il più delle volte è «venato di nostalgia, rivolto al passato e poco capace di offrire opportunità per il futuro»:[7] soprattutto, sono rari quei casi di *lobby* strutturate di oriundi italiani, attive in precisi settori del vivere civile (come è invece la National Italian American Foundation). Pertanto, le comunità italiane all'estero necessiterebbero di essere guidate in un percorso di transizione dall'italnostalgia all'italsimpatia, con l'obiettivo finale di «collegare gli emigrati al prodotto italiano, alla cultura, alla diffusione dell'*italian style*».[8]

Cambio di paradigma: da italiani a italici

Alla luce di un quadro simile, è chiaro che le categorie concettuali cui siamo abituati, "italiani all'estero", "emigrati", "expat", siano insufficienti ad afferrare la complessità del fenomeno migratorio e della mobilità italiana all'estero. Secondo l'imprenditore e politico Piero Bassetti, fondatore nel 1997 dell'associazione Globus et Locus, l'unico modo per intendere cosa sono gli italiani oggi è fare riferimento a un paradigma "glocale", cioè capace di contemplare parallelamente la dimensione locale e globale-transnazionale, mettendo temporaneamente da parte quella nazionale. Inoltre, il glocalismo propone una concezione di popolo aggiornata e radicalmente

---

[7] A. RICCARDI; *A che serve la comunità italiana*; Limes, n. 1/1998; pp. 16-17.
[8] *Ibidem.*

diversa da quella di matrice westfaliana.

Bassetti ritiene infatti che in un futuro ormai prossimo «sarà la relazione tra la dimensione globale degli accadimenti e il loro approdo locale a fare la differenza».[9] Le spinte globalizzatrici porteranno alla progressiva instaurazione, nel mondo glocal, di un sistema di pluri-appartenenze e di pluridentità, producendo una crisi culturale in Paesi come la Francia, in virtù dello sguardo nazionale che li ha caratterizzati per tutta la modernità. L'Italia, al contrario, potrebbe essere avvantaggiata dal non essersi mai pienamente identificata con una limitata costruzione nazionale, ma piuttosto con la sua accezione cosmopolita. «L'Italia post-moderna potrebbe sembrare migliore di quella moderna» scrive Giumelli, che sulle orme di Bassetti opera una distinzione tra la nozione di italiani e quella di "italici".[10]

Lo scorso 6 giugno l'associazione Svegliamoci Italici, fondata nel 2019 da Bassetti, ha partecipato al convegno *Diaspora, Italicità, Cittadinanza, Sviluppo*, primo appuntamento di un ciclo intitolato Italici su scala globale organizzato dall'Intergruppo parlamentare Italici, per un futuro glocal. Il presidente dell'intergruppo e principale promotore di questa concezione di italicità è il deputato Fabio Porta, eletto nella Circoscrizione Estero-America Meridionale. L'evento spinge a domandarsi se anche in ambito parlamentare stia maturando un processo di cambiamento, in cui il successo del paradigma italico a sfavore di quello italiano gioca un ruolo di primo piano.

---

[9] P. BASSETTI; *Svegliamoci italici! Manifesto per un futuro glocal*, in R. BOMBI, V. ORIOLES (a cura di), *Italiani nel mondo. Una Expo permanente della lingua e della cucina italiana*; Forum, Udine, 2015; p. 59.

[10] R. GIUMELLI; *L'Italia compie 150 anni. E gli italiani? Una riflessione sul senso di appartenenza, sull'identità e sull'insuperata asimmetria tra Italia e italiani*; SocietàMutamentoPolitica, n. 3/2011; p. 64. A tal proposito, cfr. anche A. SCHIAVONE; *Italiani senza Italia*; Einaudi, Torino, 1998; pp. 134-135: «L'idea, ripetuta fino a diventare un luogo comune, che il nostro compito sarebbe di ricostituire proprio adesso, con tanto ritardo e dopo tanti appuntamenti mancati, nel cuore di una crisi mondiale di quest'esperienza, una vera nazione – nel senso forte, storico, della parola – mi sembra completamente insensata: un anacronismo illogico».

Un'occasione mancata o ancora da cogliere?

Contrariamente alla vulgata che vorrebbe l'Italia definitivamente passata da Paese di emigrazione a Paese di immigrazione, la rete della diaspora è infoltita ancora oggi da un consistente numero di connazionali che scelgono di espatriare per cercare condizioni di lavoro migliori. Pertanto, la dicotomia che si delinea in maniera abbastanza netta divide tra cittadini italiani residenti all'estero e italiani nel mondo, ovvero «persone che si possono ritenere appartenenti a una sorta di diaspora italiana in rapporto alla loro origine e all'identificazione con le proprie radici nazionali e culturali».[11] Entrambi i fenomeni presentano allettanti opportunità, presentandosi come una risorsa diffusa per l'Italia nel mondo e in contrasto con la narrativa tradizionale che fa riferimento ad espressioni come "talenti perduti" o "occasione mancata".

Per recuperare il terreno perduto rispetto ad altri Paesi,[12] l'Italia deve dare luogo a una comunicazione più completa ed efficace con le comunità diasporiche. Lo studio *Valorizzare il potere della diaspora italiana globale. Come gestire in maniera strategica un asset di valore per il sistema-Paese*, realizzato da The European House-Ambrosetti in collaborazione con la National Italian American Foundation (Niaf) e presentato al governo italiano in occasione della 49° edizione del Forum di Cernobbio, tenutosi a inizio settembre scorso, può servire come base per una riflessione sul tema.

Secondo tale studio, gli italo-discendenti svolgono un ruolo fondamentale nelle economie dei Paesi di appartenenza: si stima che generino complessivamente un valore economico superiore ai 2.5

---

[11] Fondazione Migrantes; *Rapporto Italiani Nel Mondo 2011*.

[12] È il caso della Cina e della Francia, ma persino un piccolo Paese come l'Irlanda che tuttavia si è mobilitato intensamente nella cosiddetta *diaspora engagement*, lanciando a partire dal 2015 il programma *Global Irish: Ireland's Diaspora Policy*, con l'obiettivo di trarre profitto dai circa 70 milioni di discendenti irlandesi all'estero (soprattutto negli States, tra cui l'attuale presidente degli Joe Biden).

trilioni di euro.[13] Agendo come ambasciatori dell'Italia, naturalmente in senso figurato, le comunità della diaspora possono favorire la crescita dell'interscambio commerciale: infatti, «c'è un collegamento diretto tra la quantità di immigrazione in un Paese – considerata come diaspora – e la quantità di esportazioni».[14] Tali comunità possono giocare un ruolo di primo piano anche nell'attrazione di nuovi investimenti, lo sviluppo delle relazioni politiche e del *soft power* italiano nel mondo, rafforzandone l'immagine e la reputazione e promuovendone la cultura.

Lo strumento linguistico

Lo strumento linguistico è importante perché rappresenta un naturale veicolo per la diffusione della cultura italiana nel mondo. Tuttavia, la debole promozione della lingua italiana all'estero, spesso lasciata in secondo piano rispetto a elementi più latamente culturali come la moda o la cucina, deriva anche da una scarsa coscienza linguistica diffusa a partire dall'istruzione scolastica. Attualmente, neppure la nostra Costituzione fa riferimento alla lingua italiana come lingua della Repubblica.[15]

Iniziative per la promozione della lingua italiana esistono già, come la Settimana della lingua italiana che a partire dal 2001 si tiene con cadenza annuale nel mese di ottobre, o i più sporadici Stati generali della lingua italiana nel mondo. Il problema è che troppo spesso queste iniziative hanno scarsa capacità di proiezione

---

[13] I dati sono tratti dalla versione inglese dello studio citato, intitolata *Harnessing the power of the global Italian diaspora*, p. 24.

[14] *Ivi*, p. 28.

[15] Cfr. AA.VV., *L'italiano alla prova dell'internazionalizzazione*, M. A. CABIDDU (a cura di); Guerini, Milano, 2017; p. 21: «A differenza di altre Costituzioni, che consacrano con il crisma dell'"ufficialità" la lingua dello Stato, la nostra non contempla ancora, formalmente, il riconoscimento dell'italiano come lingua ufficiale, dando per scontato che essa sia, non solo la lingua stabilmente e comunemente utilizzata nel territorio della Repubblica, ma anche il "fattore portante dell'identità nazionale"».

all'estero. Appare quindi cruciale rafforzare la rete degli 84 Istituti Italiani di Cultura, a tutti gli effetti organi del Maeci coinvolti nella promozione della cultura e della lingua italiana all'estero ma del tutto incapaci di reggere il confronto con i corrispondenti enti stranieri, anche solo dal semplice punto di vista numerico: dal Goethe Institut al British Council, dall'Institut français alla moltitudine dei controversi Istituti Confucio.

Prospettive future

Roma deve iniziare a concepire l'elevata mobilità che da sempre la caratterizza come un prezioso asset diffuso da utilizzare anzitutto per attrarre investimenti, turisti italo-discendenti, studenti internazionali di origine italiana nelle nostre università. Inoltre, sul piano delle relazioni internazionali, il coinvolgimento della diaspora dovrebbe mirare a rafforzare i legami con i Paesi che registrano un alto numero di italo-discendenti e quelli che attualmente ospitano le maggiori comunità italiane promuovendo la cooperazione sulla base di un patrimonio culturale comune.

Le comunità di italiani all'estero e la multiforme realtà dell'associazionismo a esse collegato non hanno mai praticato, per le ragioni esaminate, una decisa politica dell'ingerenza negli affari interni dei Paesi ospitanti. Per questo motivo, più che una politica dell'ingerenza simile a quella di Paesi come la Turchia o la Cina, Roma dovrebbe sviluppare una propria politica dell'influenza; e soltanto comprendendo il nesso che lega mobilità e identità italiana nel mondo potrà implementare una proiezione all'estero che tenga conto delle forme numerose e diverse assunte dall'italianità nelle aree geografiche in cui ha messo radici.

Il Manifesto di Aliseo

Alisei erano i venti che schiusero agli europei le porte del nuovo mondo. Artefici involontari dell'ultima grande rivoluzione geografica e del mutamento antropologico che questa impose all'intera specie. Furono gli alisei a spingere le caravelle di Colombo, Vasco da Gama e Giovanni Caboto nell'età delle scoperte. Dietro a quei legni avanzava il moderno e su di loro l'uomo entrava nella sua prima epoca globale, all'interno della quale esiste tutt'ora.

L'avventura degli scopritori – pericolosa, dura e violenta oltre ogni dire – avveniva però grazie a venti calmi, placidi, costanti. Un'alchimia di sostanze opposte. Da una parte il movimento, il rischio e la volontà di proiettarsi di là del limite, dall'altra il fenomeno naturale, muto, inerte. Dove questa coppia di opposti si è toccata è nato il nostro mondo. Superata la paura del mare degli antichi – decisione primigenia che inizia l'ultima rivoluzione – gli uomini compresero che tra i flutti bisognava affidarsi a ciò che è fisso, lento, ponderato. Nelle onde non c'è spazio per il delirio. In altre parole, le rivoluzioni non si fanno senza criterio.

Questi due elementi, la spregiudicatezza della volontà e la stabilità di un vento calmo, intendiamo portare tra i flutti dell'informazione, onde innescare una rivoluzione che – siamo ottimisti, lo ammettiamo – possa modellare il modo in cui ci si approccia al giornalismo. Navigheremo in un mare inquinato, lo sappiamo. Dall'industrializzazione dell'offerta, dalla frenesia del cronachismo e dallo spettro della manipolazione.

Vogliamo portare in Italia un modo di fare informazione lento, approfondito, di dettaglio. Competere con i canali di informazione non giornalistici – moltiplicatisi esponenzialmente grazie al digitale – non è più compito dei giornali. A noi "professionisti dell'informazione" oggi resta il compito di filtrare le notizie, utilizzarle per comporre un quadro, raccontarvi i perché e i per come. Correre dietro ad una "breaking news" – nella gran parte dei casi tradurre un tweet o qualche riga di un'agenzia estera – non è, nella nostra modesta visione delle cose, pratica di valore giornalistico. Crediamo che al lettore serva un qualcuno che la osservi, la verifichi e tracci i fili rossi che la collegano a ciò che è venuto prima e ciò che verrà dopo.

Crediamo nel giornalismo indipendente, che è una retta tra due punti: chi scrive e chi legge. Tutto il resto è disturbo, interferenza sulla traiettoria. Su questa retta vogliamo che corra una corrispondenza il più fitta possibile. Parlateci, noi faremo altrettanto. Faremo di tutto per darvi sempre la possibilità di contattarci e di farci sapere di quali argomenti volete che vi parliamo. Non siate timidi, perché noi non lo saremo.

«Ciò che è oggi dimostrato fu un tempo solo immaginato»
WILLIAM BLAKE

Aliseo Plus

Aliseo Plus è il **Club di Aliseo**, con cui impari a individuare i fili rossi che legano le notizie, riconoscere l'informazione di parte e capire in autonomia il mondo

I membri di Plus ricevono:

- **Report**: ogni giorno un report esclusivo da un'area del mondo diversa

- **Rassegna**: ogni giorno una rassegna commentata con tanti consigli di lettura

- **Libreria**: accedi alla versione digitale di tutti gli speciali di Aliseo

- **Chat**: la chat diretta con i giornalisti e gli analisti di Aliseo

- **Interviste e analisi esclusive**: la serie di contenuti premium di Aliseo

Un regalo per te

Inquadrando il codice qr qui sotto ti regaliamo una **prova gratuita di un mese.**

Se invece vuoi ulteriori informazioni visita la pagina aliseoplus.aliseoeditoriale.it